AF577835

Katja Schäfer

Omas Stickgeheimnisse

Katja Schäfer

Omas Stickgeheimnisse

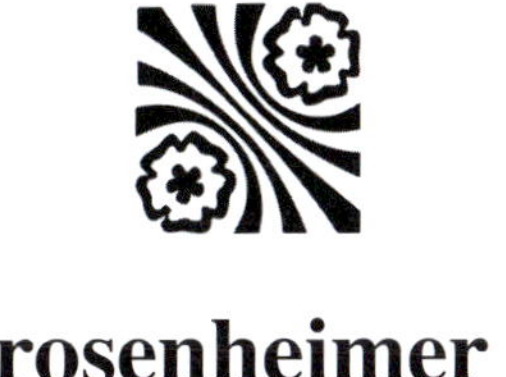

rosenheimer

Dank

Der Verlag dankt Frau Sabine Dauter, Handarbeitsstube Moosen, die die in diesem Buch abgebildeten Handarbeiten gestickt hat.

Alle Stickarbeiten wurden mit Anchor Stickgarnen gefertigt.
Der Verlag dankt für die Unterstützung:

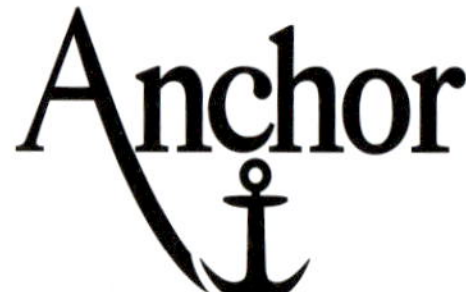

Coats GmbH, Kaiserstraße 1, 79341 Kenzingen, www.coatsgmbh.de

2. Auflage

Fotografie: Klaus G. Förg, Rosenheim
Styling: Monika Distler
Stickmusterzeichnungen: Barbara Herr, Rosenheim
(S. 10, 14, 16, 20, 26, 30, 34, 38, 42, 46, 50, 54, 58, 59,
62, 66, 70, 71, 72, 76, 77, 78);
Ute Biebl, Rosenheim (S. 11, 17, 22, 73, 79)
Layout und Satz: VerlagsService Dr. Helmut Neuberger & Karl Schaumann GmbH, Heimstetten
Überarbeitung: SF-Design GmbH - Stefan Felder, Rosenheim
Litografie: reproteam siefert GmbH, Ulm-Böfingen
Fotobearbeitung: Fotodesign Richard Wöhrl, Rosenheim
Druck und Bindung: Graspo, Zlin
Printed in Czech Republic

978-3-475-52901-6

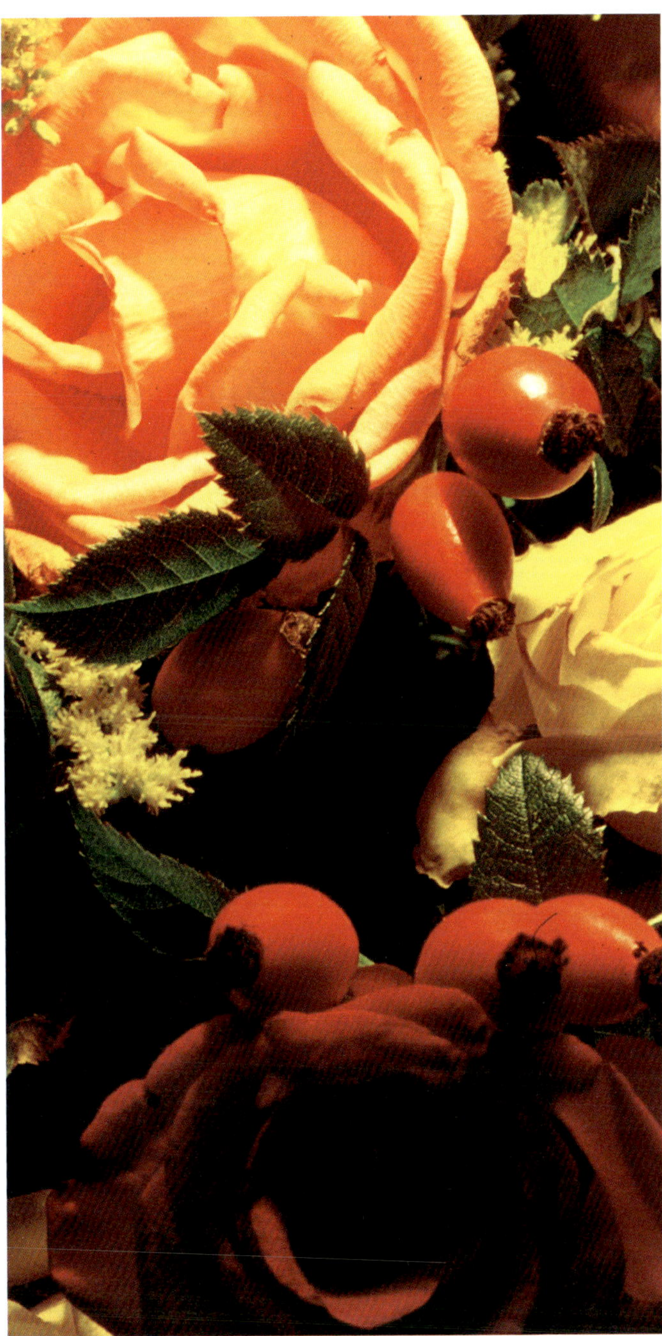

Inhalt

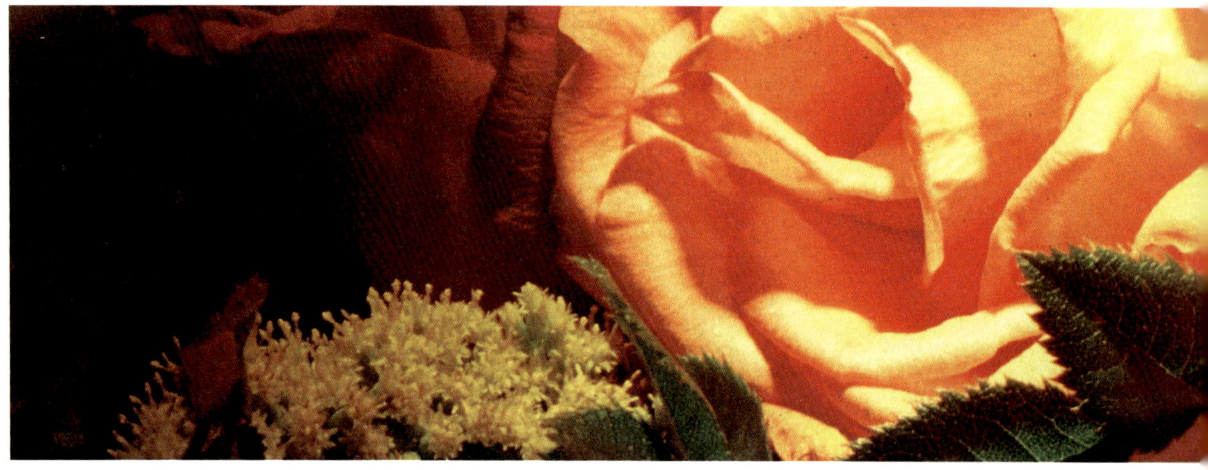

Vorwort

Wenn wir im Titel von »Omas Stickgeheimnissen« sprechen, ist das eigentlich eine Untertreibung. Auch Uroma und Ururoma haben das Sticken in Kreuzstich nicht erfunden; es hat eine viel ältere Tradition. Bereits im Mittelalter gab es ein reiches Repertoire an Mustern, die von Generation zu Generation weitergegeben und weiterentwikkelt wurden. Überliefert sind sie uns auf Mustertüchern, wie sie damals verwendet wurden um Stickmotive zu sammeln und festzuhalten.

Eine erste Blütezeit erlebte die Stickerei im 16. Jahrhundert, als auch die Musterbücher, damals Modelbücher genannt, aufkamen. Der Urahn unserer heutigen Stickbücher ist das »Furm- oder Modelbüchlein« von Schönsperger, erschienen 1523 in Augsburg, das 24 Blätter mit Bordürenmustern enthält.
Keine hundert Jahre jünger sind die Modelbücher des Hans Sibmacher von Nürnberg, die heute die wohl bekanntesten Quellen für alte Stickmuster sind.

Typisch für die frühe Stickerei ist die starke Stilisierung der verwendeten Motive. Sie sind in den meisten Fällen aus der Natur, von Blumen, Sträuchern oder Tieren, abgeleitet. Aber der Zwang, den die Rechteckstruktur des Stoffes ausübte, war zunächst stärker als das Streben nach naturalistischer Darstellung. Dadurch wird so manche Ranke oder Blüte zu einem schon fast abstrakt wirkenden geometrischen Gebilde. Gerade die ältesten Muster muten auf diese Weise oft verblüffend »modern« an. Und, was mir persönlich daran am besten gefällt: Sie lassen der Fantasie einen breiten Raum. Was ich als Blume betrachte, darin sehen Sie vielleicht einen Schmetterling, und was mir gestern noch als Blattwerk einer Pflanze erschienen ist, schaue ich heute als gemauerte Treppenstufen an.
Es sind Muster, die uns im besten Sinne noch einmal Kind werden lassen, die uns wieder lehren die Welt mit unvoreingenommenen Augen zu bestaunen und Formen, die uns

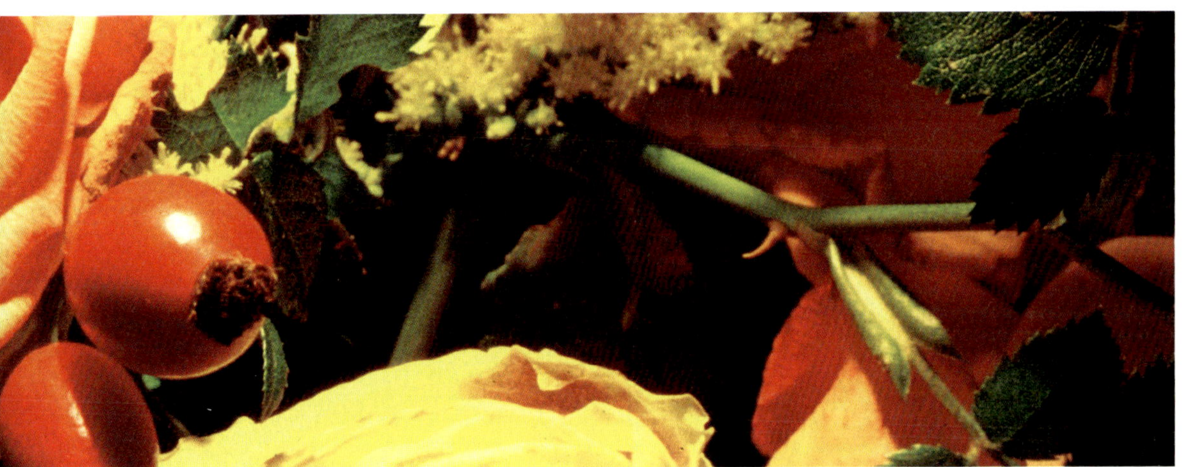

scheinbar schon bekannt sind, ganz neu zu entdecken.

Wir haben für dieses Buch einige Stickmuster des 15. bis 17. Jahrhunderts ausgewählt, die uns besonders reizvoll erschienen sind. Eine schier unerschöpfliche Fundgrube war dabei für uns außer alten Musterbüchern die 1878/79 von Professor Dr. Julius Lessing herausgegebene Sammlung »Muster altdeutscher Leinenstickerei«, die eine Unzahl herrlicher Stickideen aus alter Zeit vor der Vergessenheit bewahrt hat. Wobei der Begriff »altdeutsch« ein Marketingtrick des Herausgebers in jener etwas nationalistisch geprägten Zeit gewesen sein mag: Jedenfalls stellt sich bei genauerem Hinschauen heraus, dass etliche der von ihm zusammengetragenen Muster auch aus Frankreich, England, Russland und einer Reihe weiterer europäischer Länder stammen.

Zuletzt noch ein Wort zu den Garnfarben: Im Mittelalter und der frühen Neuzeit wurden die Muster meist zwei-, höchstens dreifarbig gestickt: rot, blau und manchmal auch noch schwarz. Das hatte technische Gründe: Farbechte Garne in anderen Tönungen konnte man noch nicht herstellen und selbst das schwarze Garn stand in dem Ruf, vorzeitig brüchig zu werden.

Wir haben bei den in diesem Buch abgebildeten Handarbeiten natürlich auf die Möglichkeiten der breiten Farbpalette heutiger Garnhersteller (wir verwendeten ausschließlich Anchor-Stickgarne) zurückgegriffen. Unser persönlicher Eindruck war aber dabei: Am schönsten wirken die alten Muster immer noch dann, wenn man sich bei der Zahl der verwendeten Farben beschränkt. Der besondere Reiz unserer heutigen Stickgarne liegt hier nicht in der Buntheit, die sie ermöglichen, sondern in der feinen Nuancierung und Farbabstufung, die man bei ihrem gefühlvollen Einsatz erreicht. Das soll jedoch Sie, liebe Stickfreundin, lieber Stickfreund, nicht daran hindern, Ihre eigenen Wege zu gehen und Urururomas Muster neue Seiten abzugewinnen, an die andere vor Ihnen vielleicht noch gar nicht gedacht haben!

Katja Schäfer

Kissen »Sternenborte«

Vielleicht nicht unter, aber auf einem
Sternenhimmel schlafen Sie mit diesem Kissen.
Und welche Farbe würde zu dem achtzackigen Stern besser
passen als ein »himmlisches« zartes Blau?
Wir haben die ruhige, regelmäßige Bordüre
auf einen 40 x 50 cm großen Kissenbezug gestickt –
als Borte für eine Tischdecke wäre sie ebenso effektvoll!

Material:

Zweigart-Reinleinen »Cork«, 8-fädig
Anchor Sticktwist (3-fädig sticken)
in Zartblau (921)

Maße:

Breite der Bordüre: 10 cm
Länge eines Musterrapports: 7,5 cm
Ein Kreuzstich geht über 2 Gewebefäden

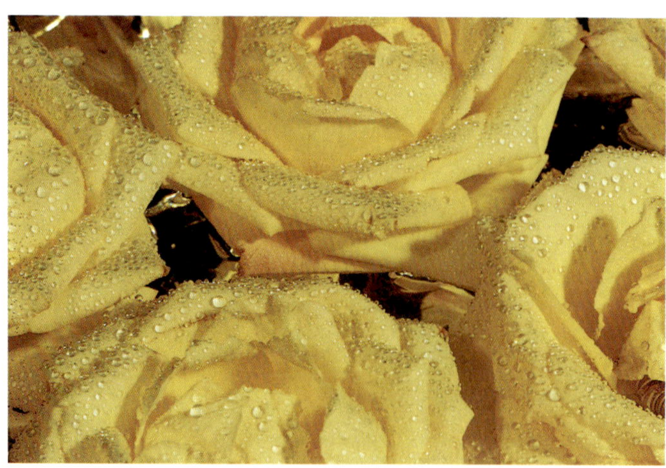

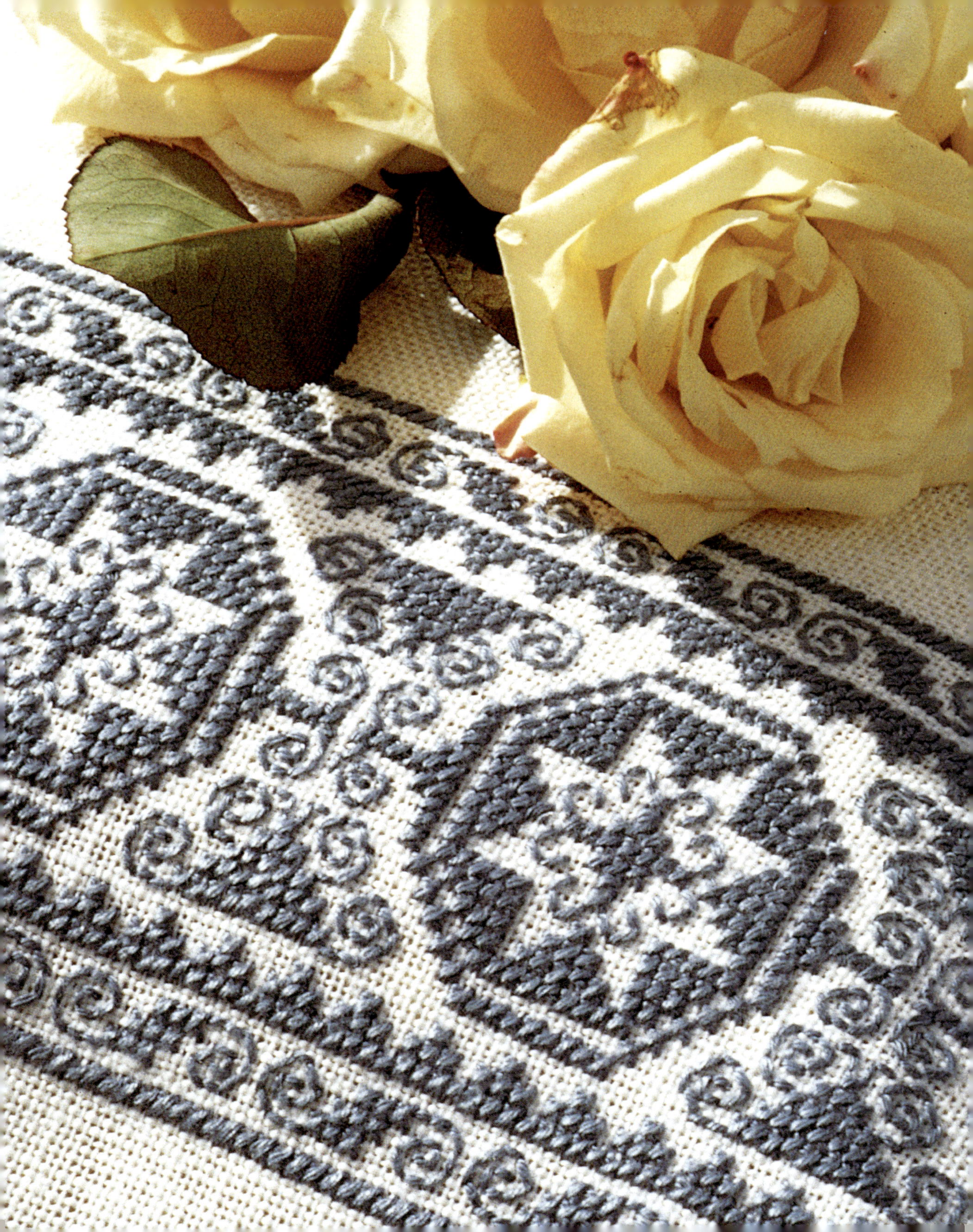

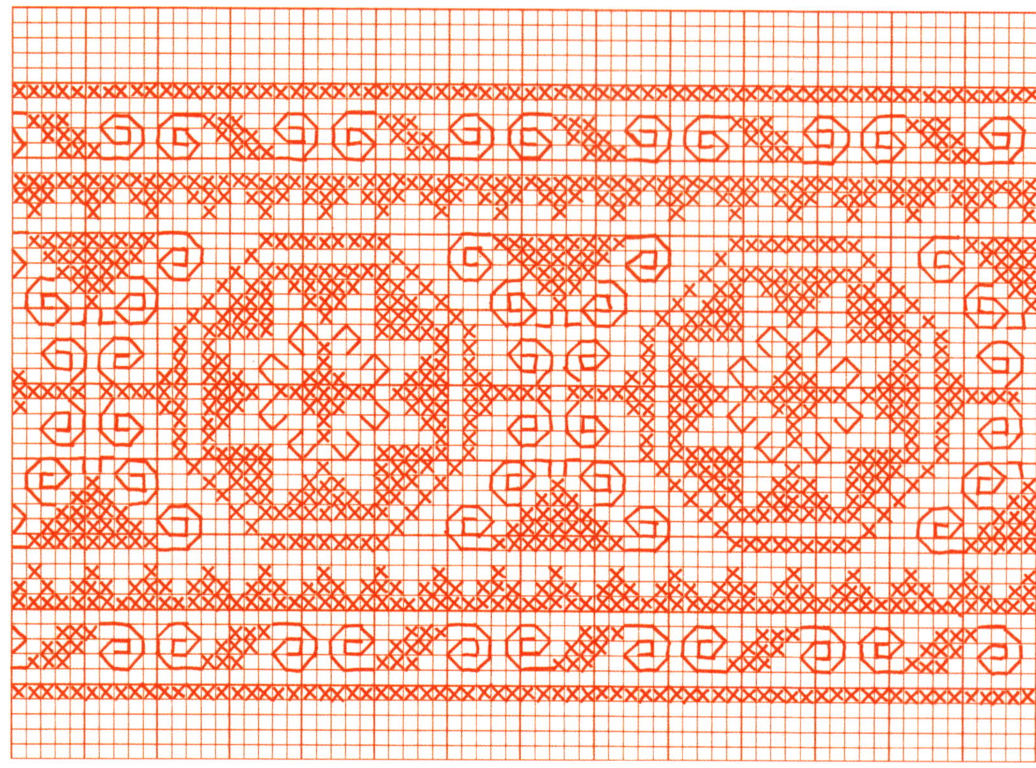

Hier das Zählmuster zur »Sternenborte« . . .

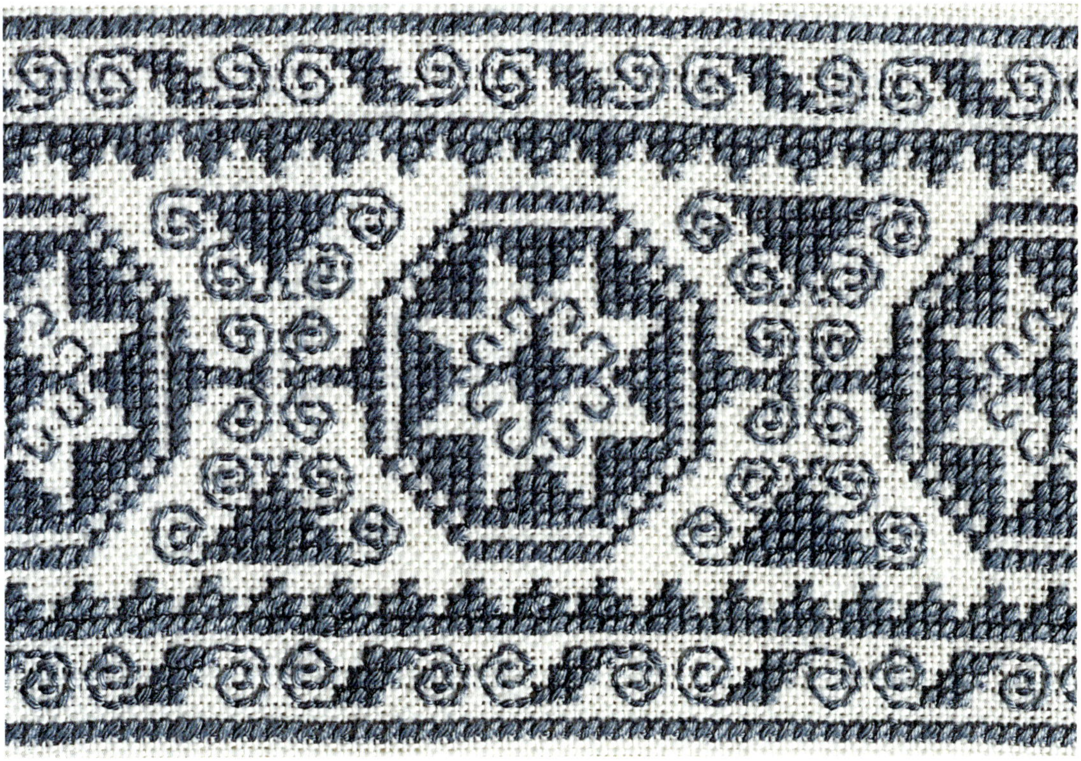

... und so sieht das fertige Ergebnis aus.

Noch eine Idee

Ein anderes Sternmotiv, das durch seine leichte, schlichte Eleganz besticht, haben wir hier als kleine zusätzliche Anregung mit abgedruckt.

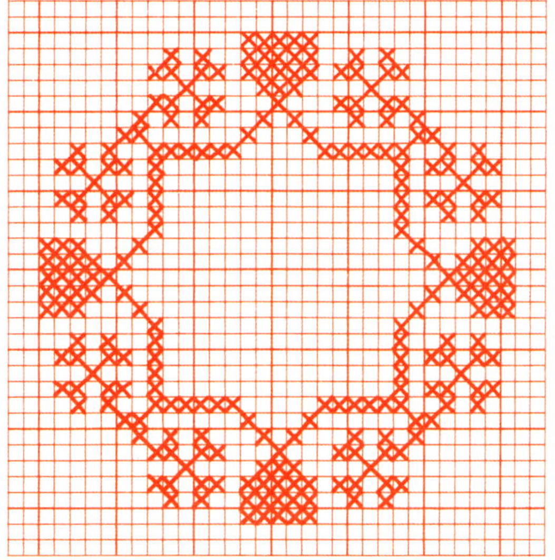

Tischdecke »Gartenparadies«

Stilisierte Blumen und Vögel schmücken
die Borte dieser Tischdecke.
Als was wir das Mittelmotiv interpretieren,
bleibt unserer Fantasie überlassen. Ich stelle
mir immer einen kleinen, schattigen Gartenpavillon
vor, der von blühenden Büschen umgeben ist.
Die vorliegende Tischdecke wurde einfarbig in Rot gestickt,
was gut zu dem teilweise fast schon abstrakten Charakter
der verwendeten Motive passt.
Wer es lieber ausgelassen-bunt mag,
dem möchten wir sagen: Erlaubt ist, was gefällt!

Material:
Zweigart-Reinleinen »Shannon«, 10-fädig
Anchor Sticktwist (2-fädig sticken)
in Rot (47)

Maße:
Breite der Borte: 4,4 cm
Länge eines Musterrapports: 8,9 cm
Maße des Mittelmotivs: 14,8 x 14,8 cm
Ein Kreuzstich geht über 2 Gewebefäden

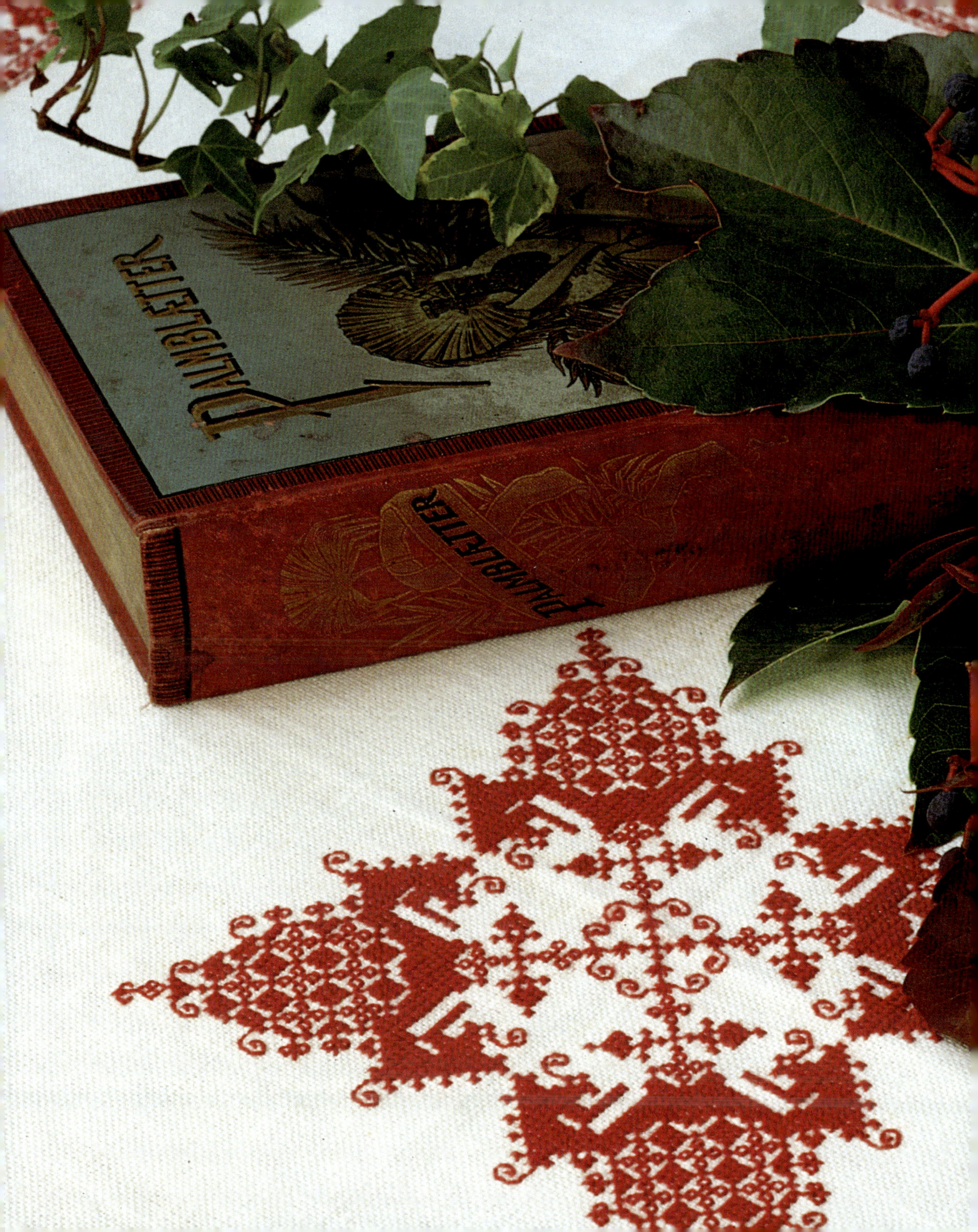
PALMBLATTER
PALMBLATTER

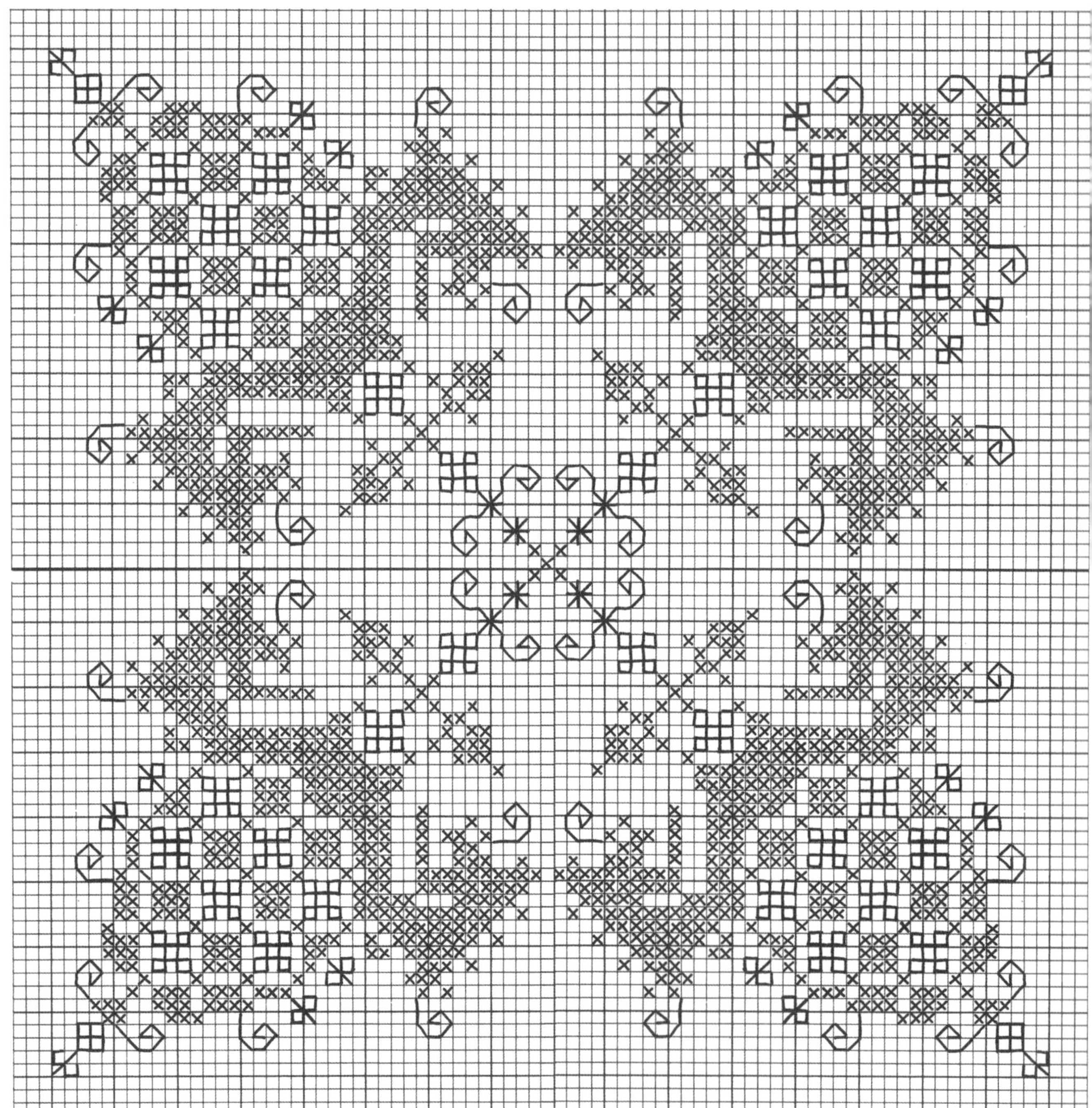

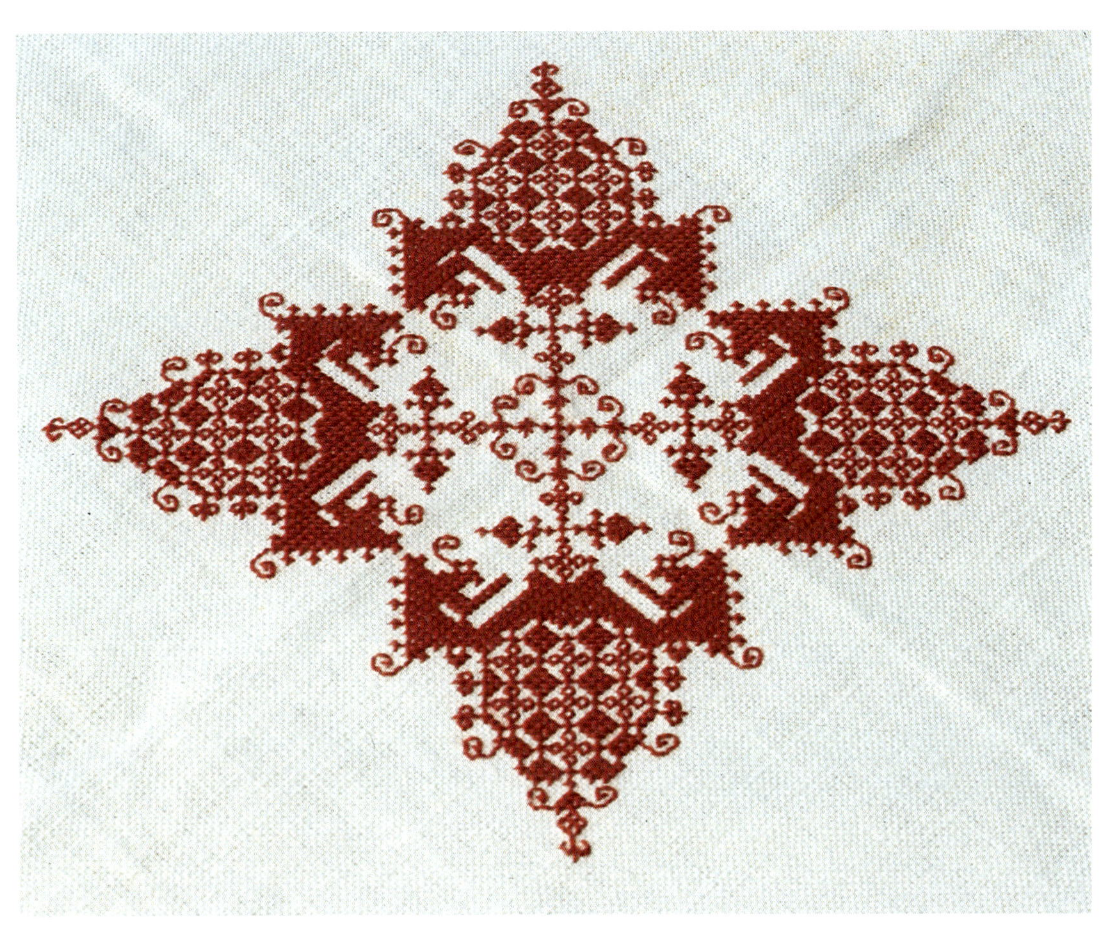

Das Mittelmotiv in Zählmuster (links) und Detailaufnahme – was stellen Sie sich bei dessen Anblick vor?

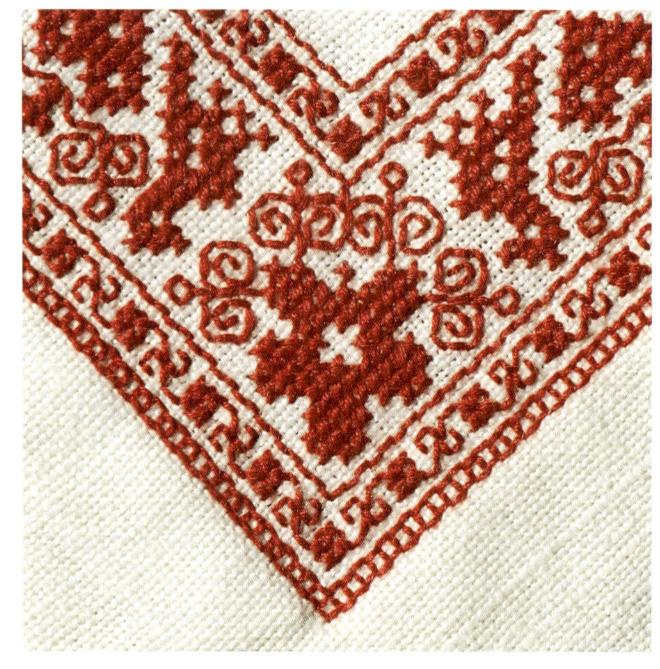

Die Blumen und Vögel der Borte im Detail

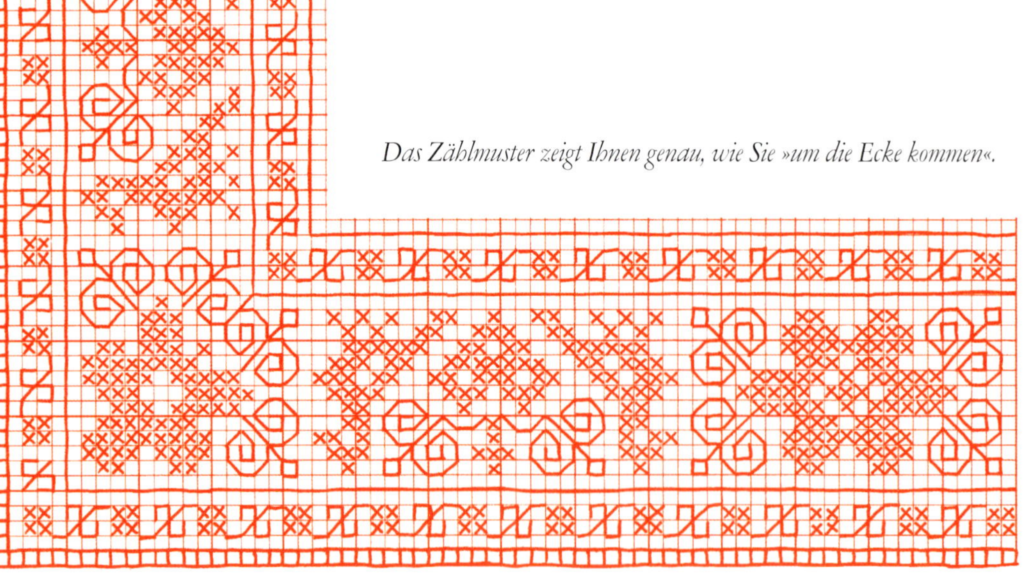

Das Zählmuster zeigt Ihnen genau, wie Sie »um die Ecke kommen«.

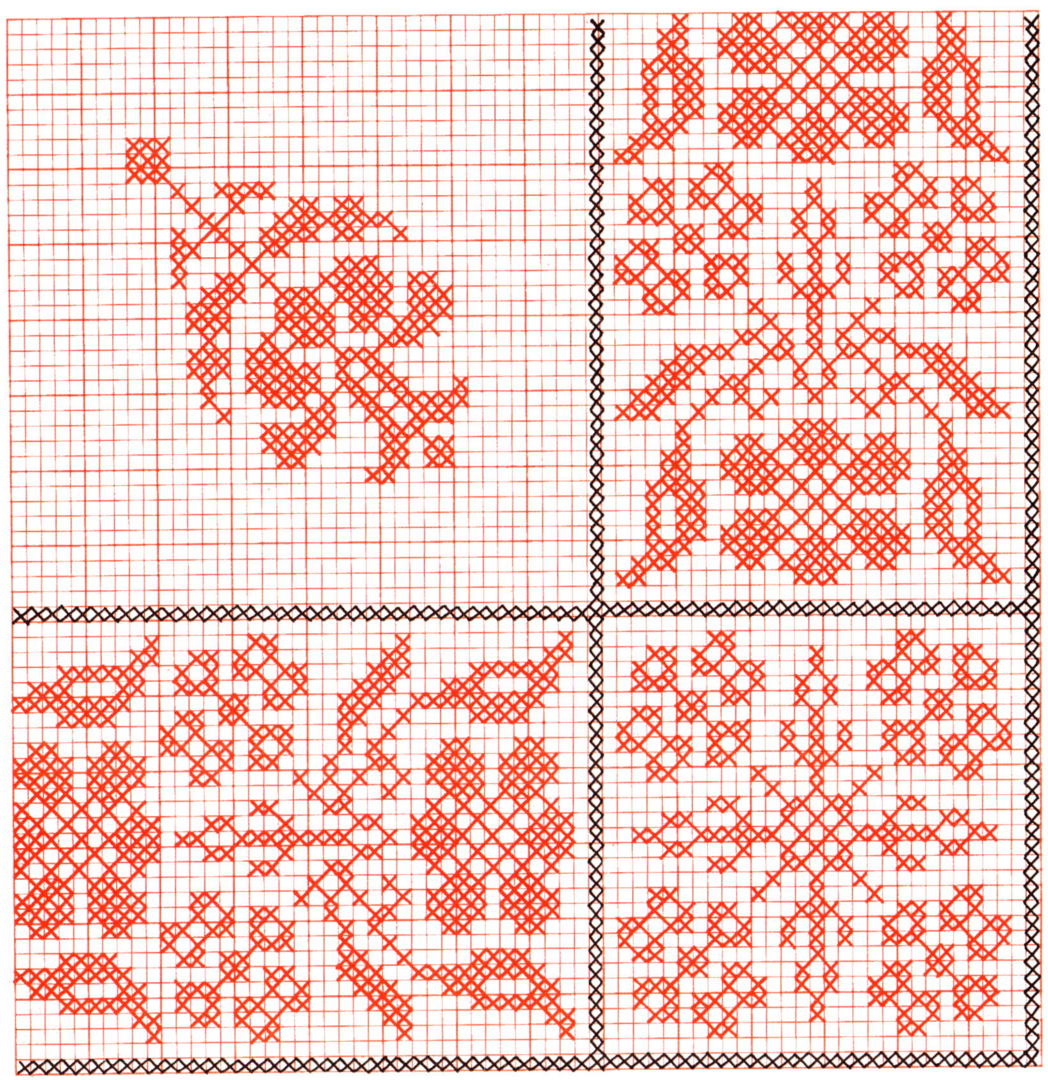

Noch eine Idee

Noch einen anderen Tipp zur »Gartengestaltung« haben wir für Sie parat. Auch hier stehen Sie vor der Qual der Wahl, ob Sie durch Beschränkung auf eine oder zwei Farben den geometrischen Charakter der Musters betonen wollen ober ob Sie lieber mit fröhlicher Buntheit unterstreichen, dass wir ja lauter Blumenmotive vor uns haben.

Tischdecke mit Bordüre »Blumenranken«

Ranken verschiedener Blumensorten ziehen sich rund um diese Tischdecke und zaubern stimmungsvolle Farbenpracht auf Ihren Kaffeetisch. Der »Zaun« rund um das Blütenmeer hat »Pfosten« aus fröhlichem Senfgrün.

Material:
Zweigart-Reinleinen »Shannon«, 10-fädig
Anchor-Sticktwist (2-fädig sticken) in den Farben:
Smaragd (877) · Weinrot (972) · Senfgrün (279) · Blau (941)

Maße:
Breite der Bordüre: 7,1 cm
Länge eines Musterrapports: 11,2 cm
Ein Kreuzstich geht über 2 Gewebefäden

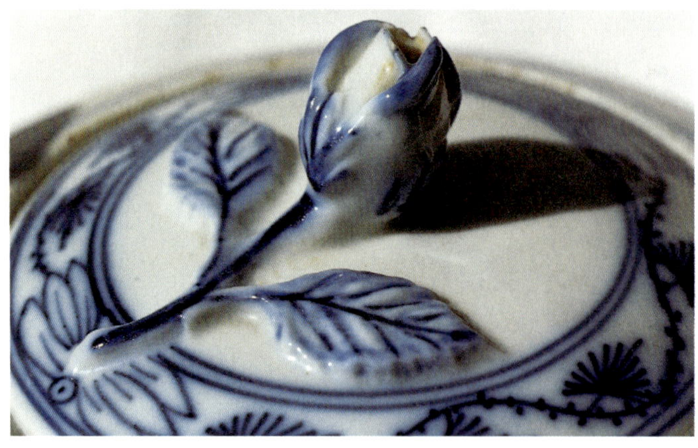

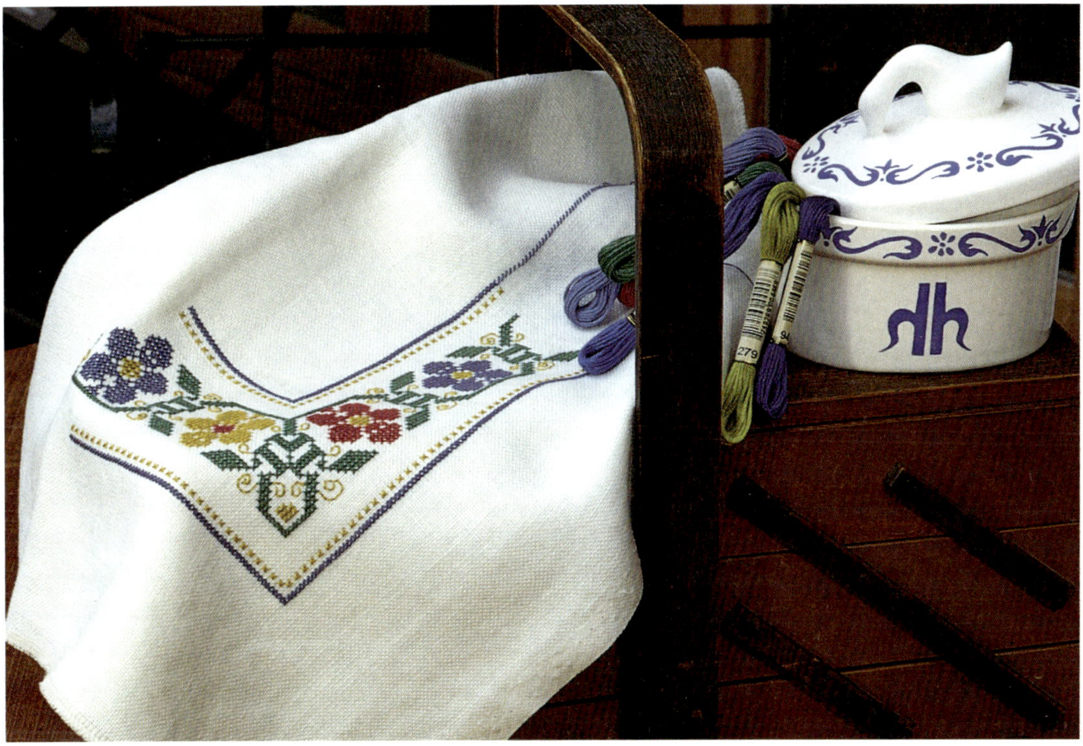

Die Bordüre lässt sich ebenso gut Ton in Ton sticken. Diese dezentere Variante führen wir Ihnen hier in edlem Blau vor.

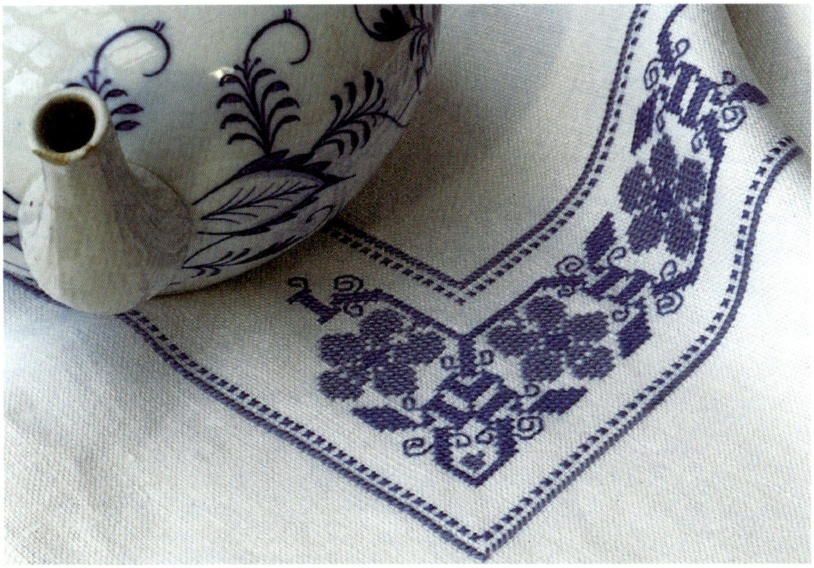

Material:
Wie links, aber Anchor-Sticktwist in den Farben:
Blau (136)
Blau (137)

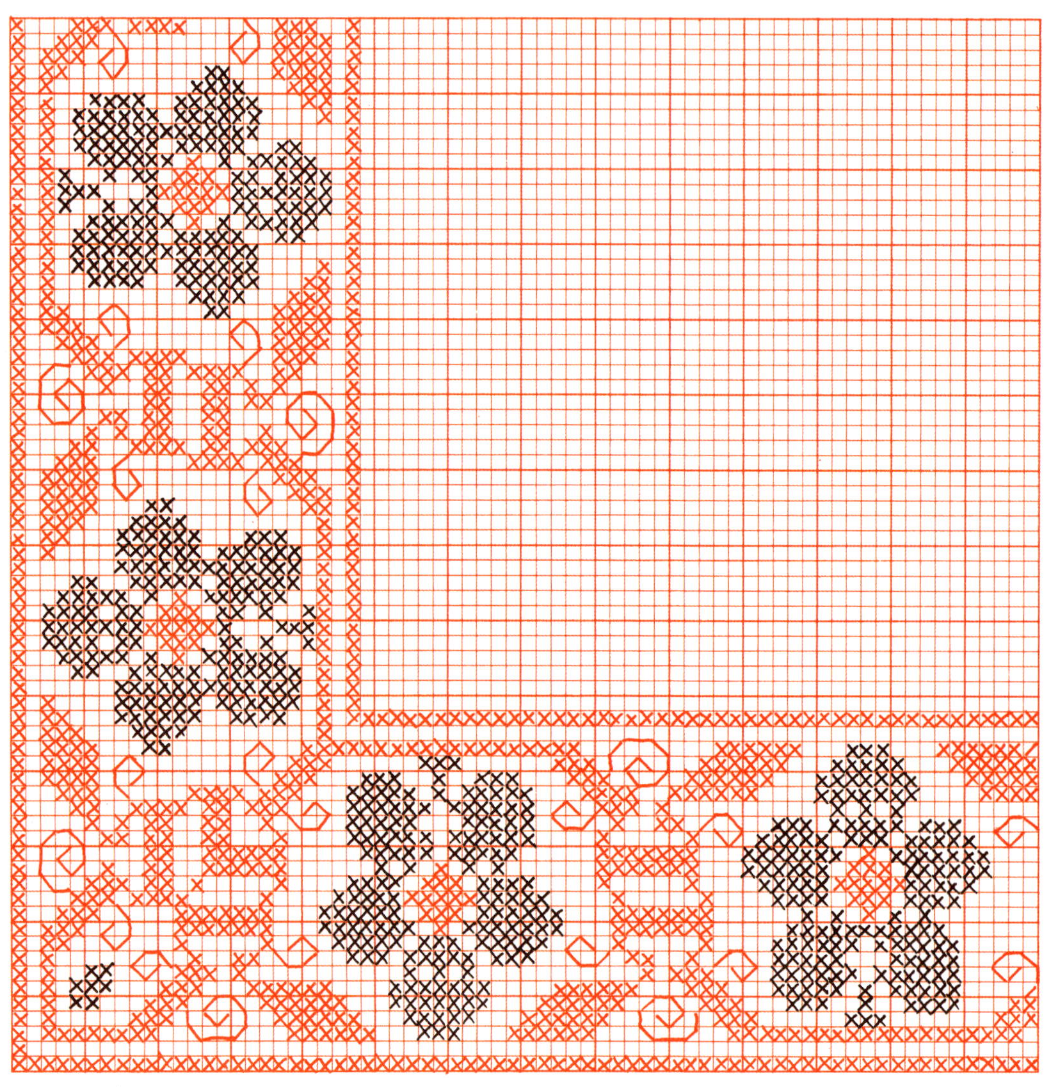

Das Zählmuster zeigt Ihnen die etwas schmälere Variante unserer Borte: Den Rand bildet eine einfache Reihe Kreuzstiche, die sich im Abstand von nur 2 Gewebefäden an die Blumenmotive anschließt. Die Stickerei ist hier zweifarbig angelegt, etwa für eine Ton-in-Ton-Ausführung, wie auf der vorhergehenden Seite unten gezeigt.

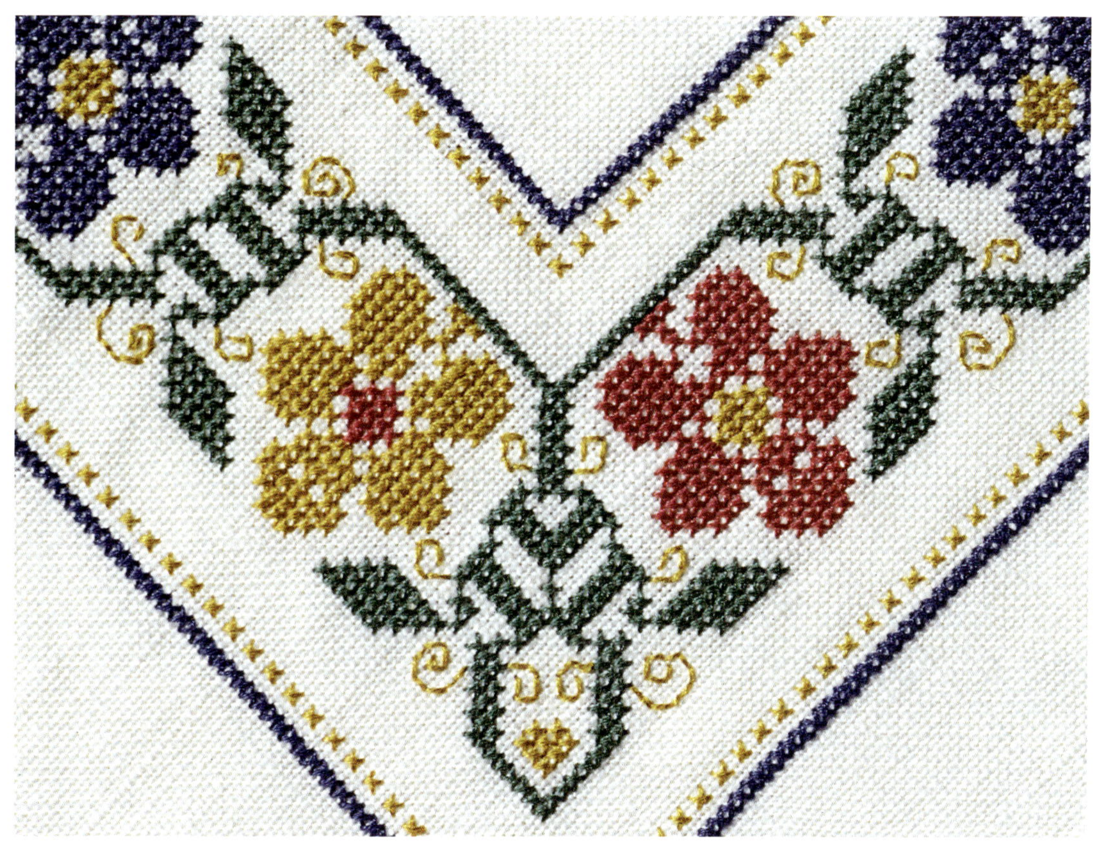

Hier die reichere, aufwändigere Version:
Der Rand der Borte wurde weiter vom Motiv weg verlegt, die durchgehende Reihe Kreuzstiche wurde an der Innenseite um die »Zaunpfosten« erweitert, das Motiv ist vierfarbig gestickt.

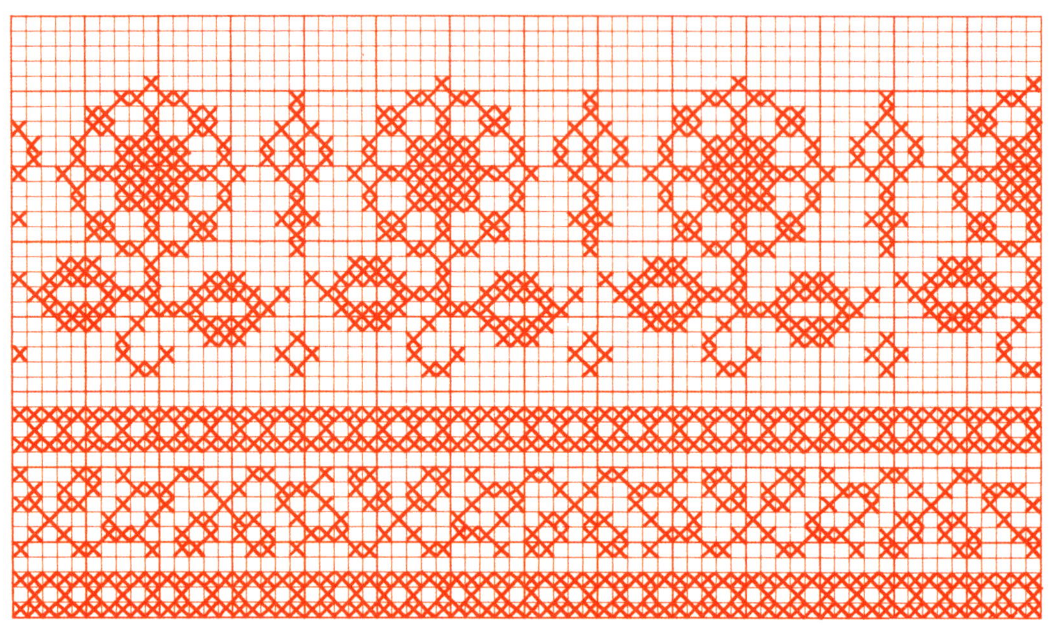

Noch eine Idee

Unter den fröhlichen großen Blüten, die die hier gezeigte Bordüre zieren, könnte man sich Sonnenblumen vorstellen. Auch einzeln stehend würden sie einen guten Eindruck machen, zum Beispiel als Eckmotiv auf einer Serviette.

Tischläufer »Türkenbund«

Die prächtige Türkenbund-Blüte kontrastiert
reizvoll zu der schlichten, sparsamen Borte,
die sich in der Mitte dieses Tischläufers hinzieht.
Ein liebevolles Detailist der einfache
Hohlsaum, der alles umrahmt.

Material:
Zweigart-Reinleinen »Shannon«, 1-fädig
Anchor Sticktwist (2-fädig sticken) in den Farben:
Altrosa (896) · Pink (969)

Maße:
Blütenmotiv: 6,8 x 8,0 cm
Breite der Borte: 2,8 cm
Ein Kreuzstich geht über 2 Gewebefäden

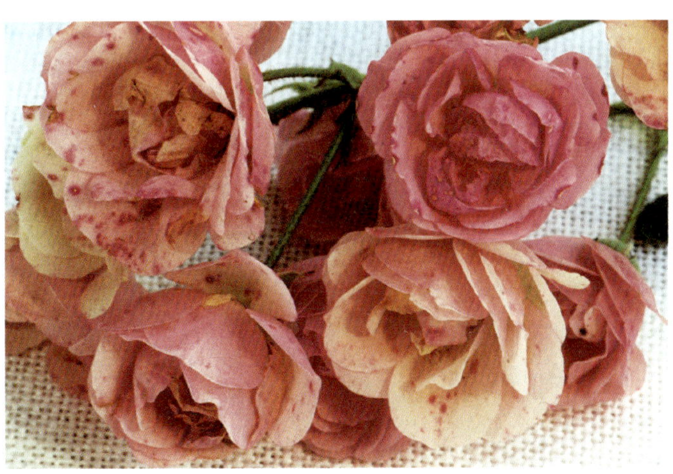

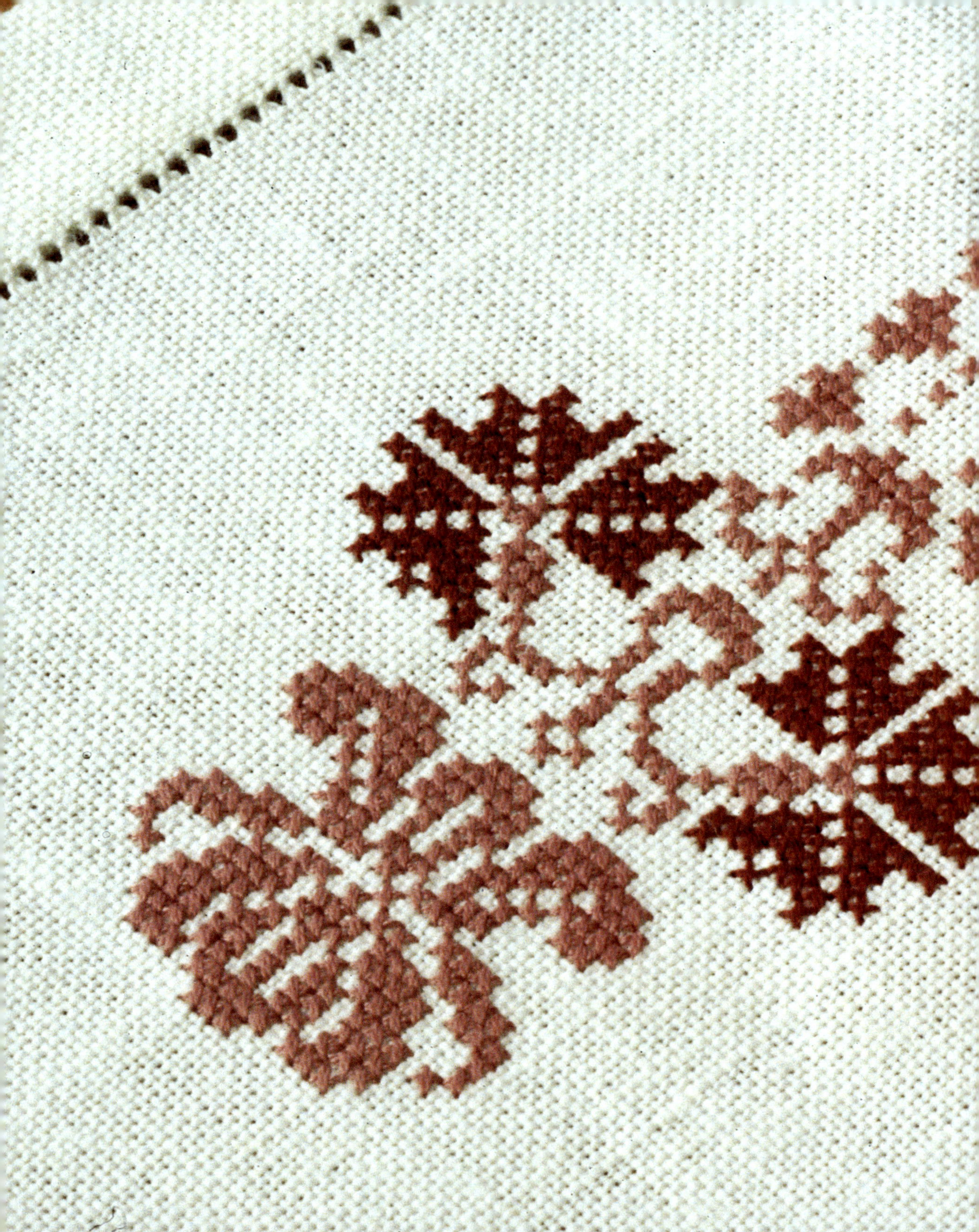

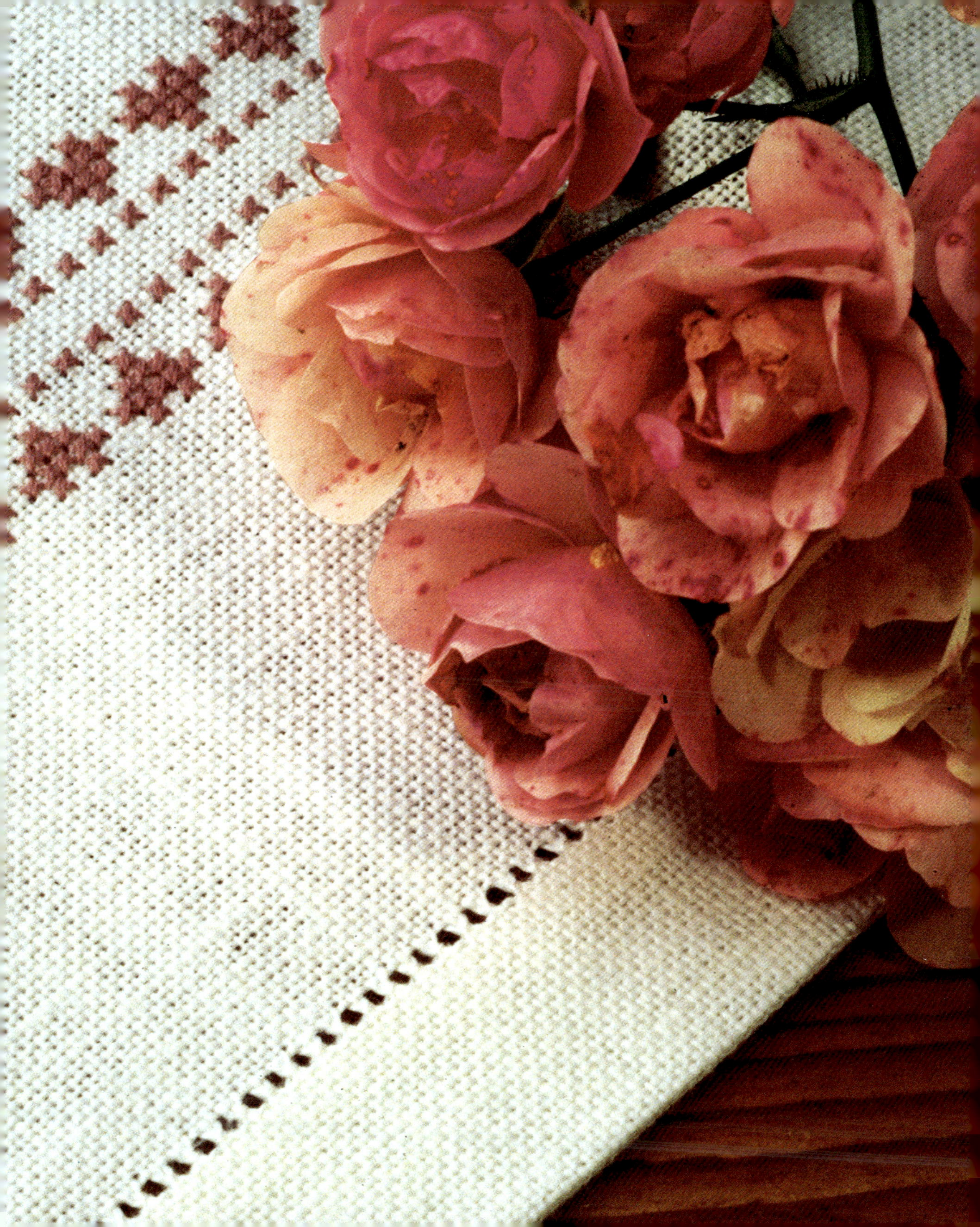

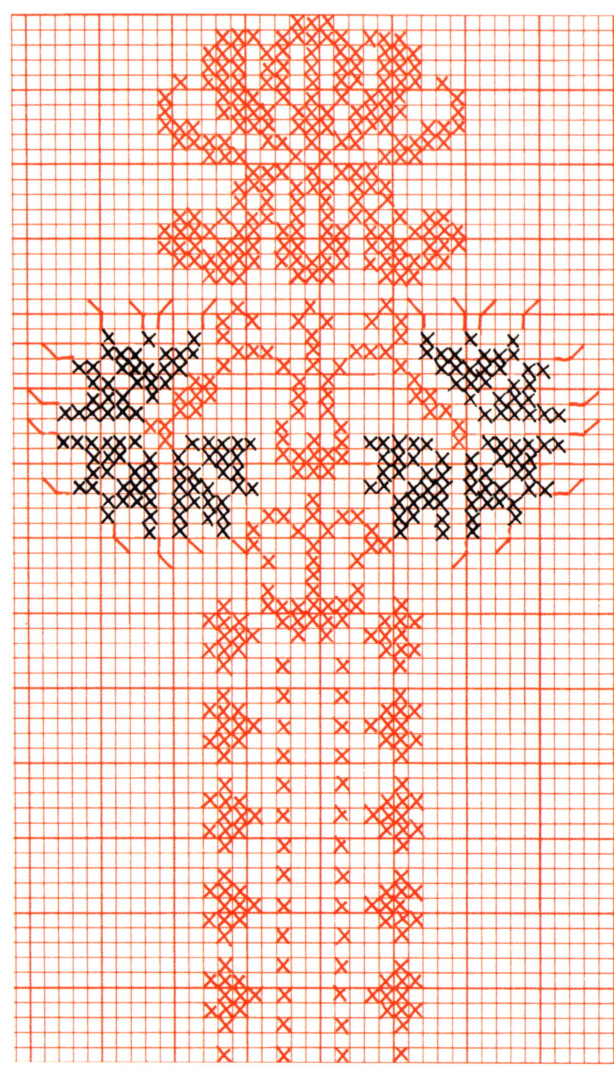

Das Türkenbund-Motiv zeigen wir wieder im zweifarbigen Zählmuster.

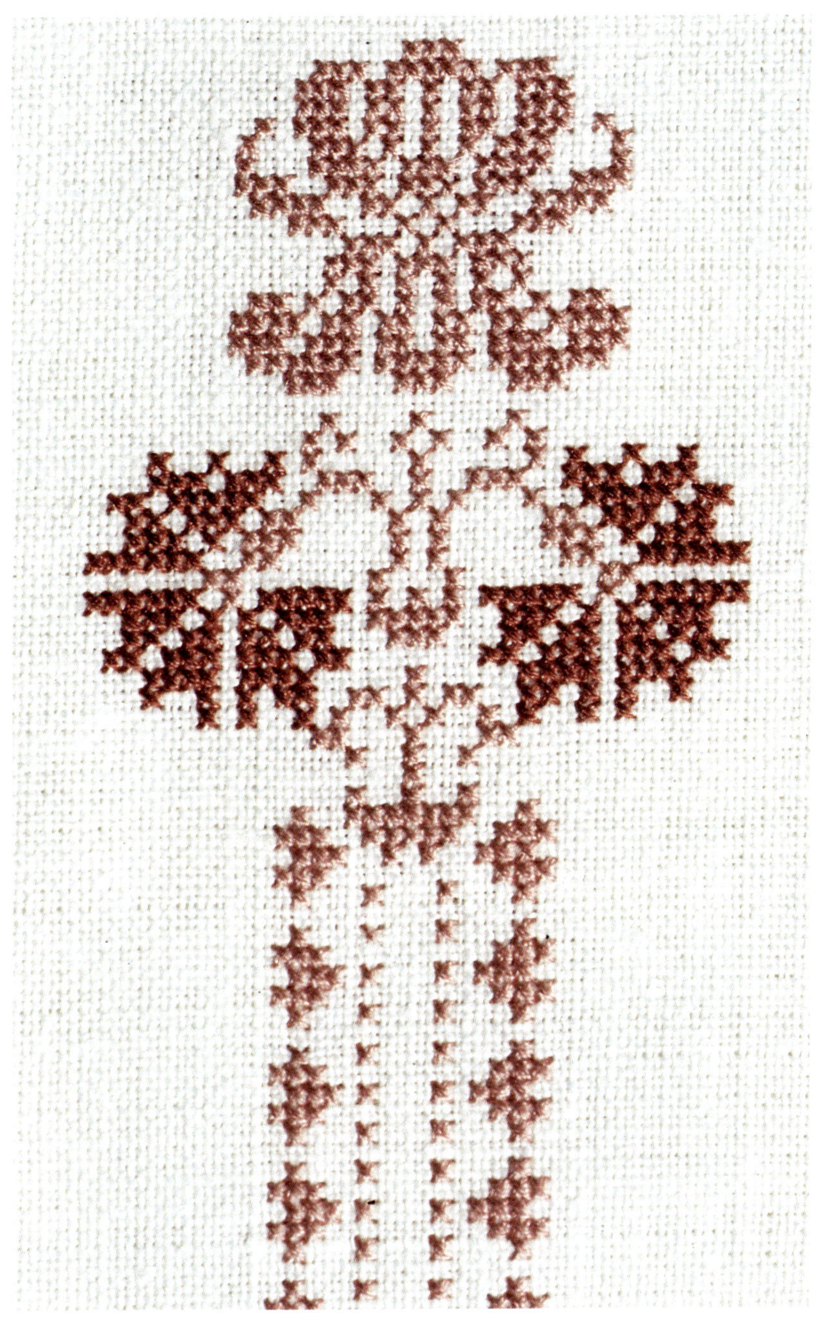

Die Ton-in-Ton-Lösung in Rosa erschien uns für dieses Muster besonders passend.

Tischdecke »Lilienblüten«

Schon im Mittelalter war die Lilie –
in mehr oder weniger stilisierter Form – ein beliebtes
Schmuckelement. Viele adelige Häuser
führten sie in ihrem Wappen; wohl am bekanntesten
sind die drei Lilienblüten der Bourbonen,
der französischen Könige. Kein Wunder, dass
auch die Stickerinnen dieses Motiv für sich entdeckten.
Einige ausgesprochen prächtige Exemplare zieren
die Bordüre dieser Tischdecke.

Material:
Zweigart-Reinleinen »Shannon«, 10-fädig
Anchor Sticktwist (2-fädig sticken)
in Blau (978)

Maße:
Breite der Bordüre: 5,5 cm
Länge eines Musterrapports: 11,9 cm
Ein Kreuzstich geht über 2 Gewebefäden

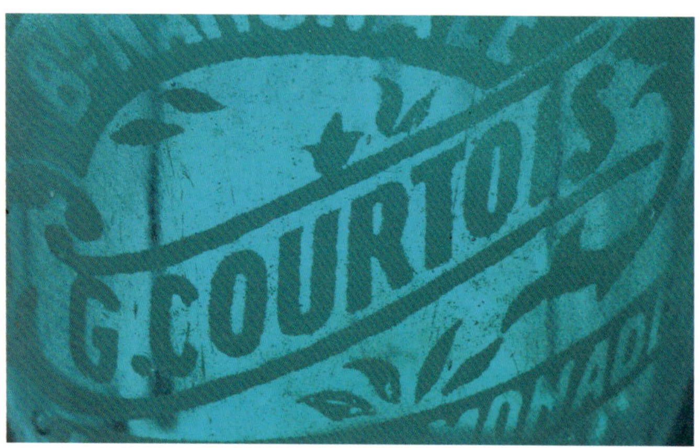

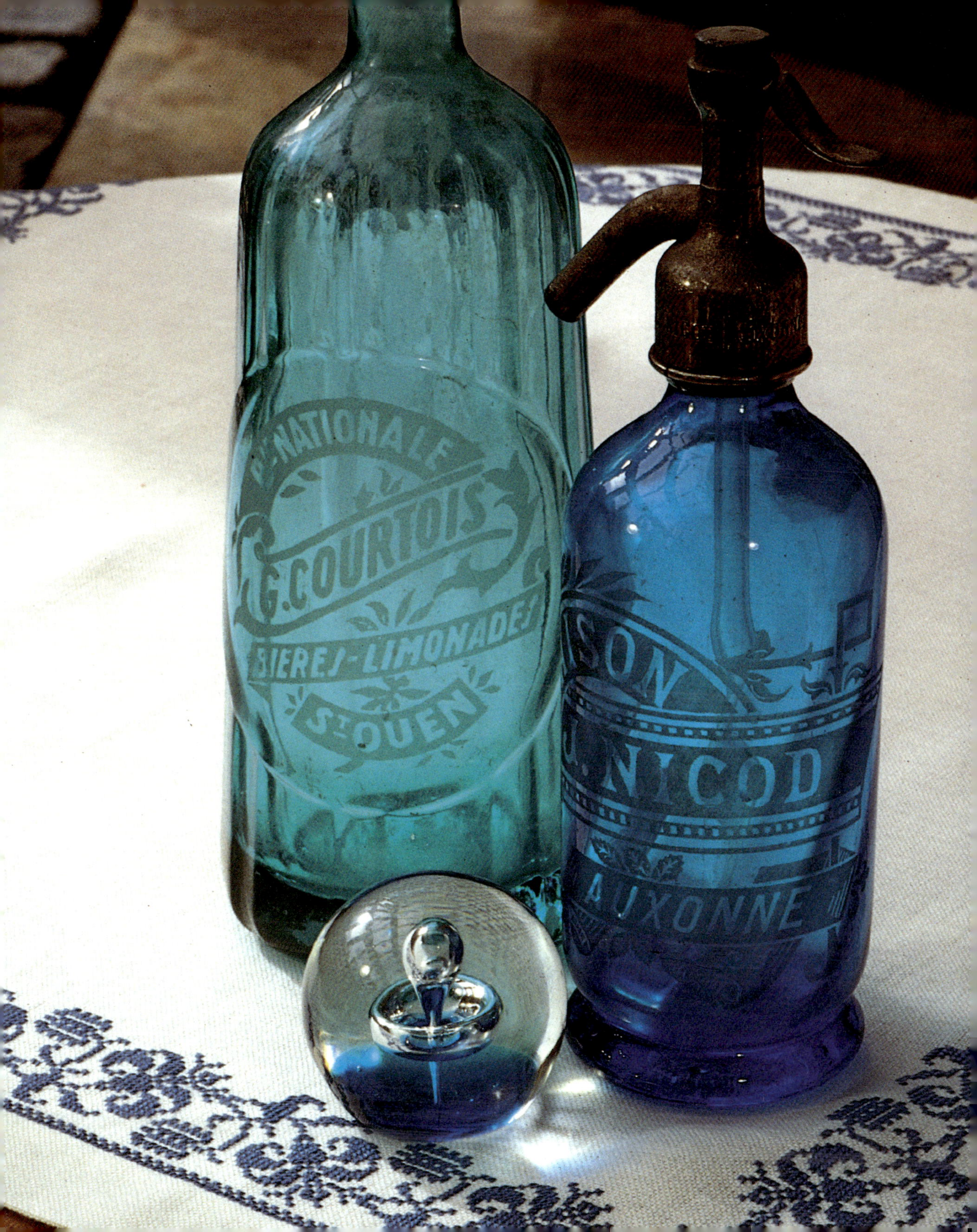
NATIONALE
G. COURTOIS
BIERES-LIMONADES
St OUEN
J. NICOD
AUXONNE

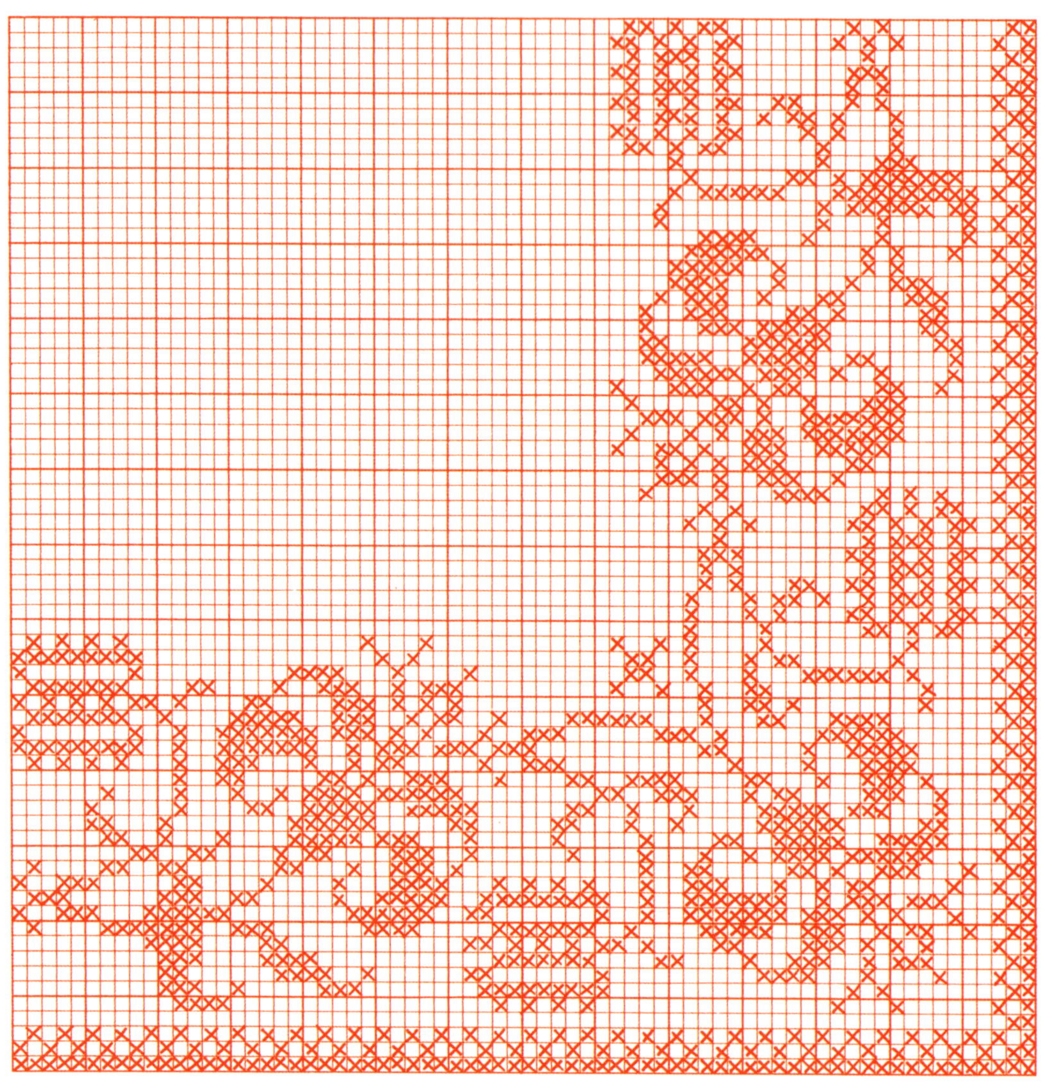

Das Zählmuster zeigt den Trick, wie man aus dem ganz normalen Musterrapport die Ecklösung ableiten kann.

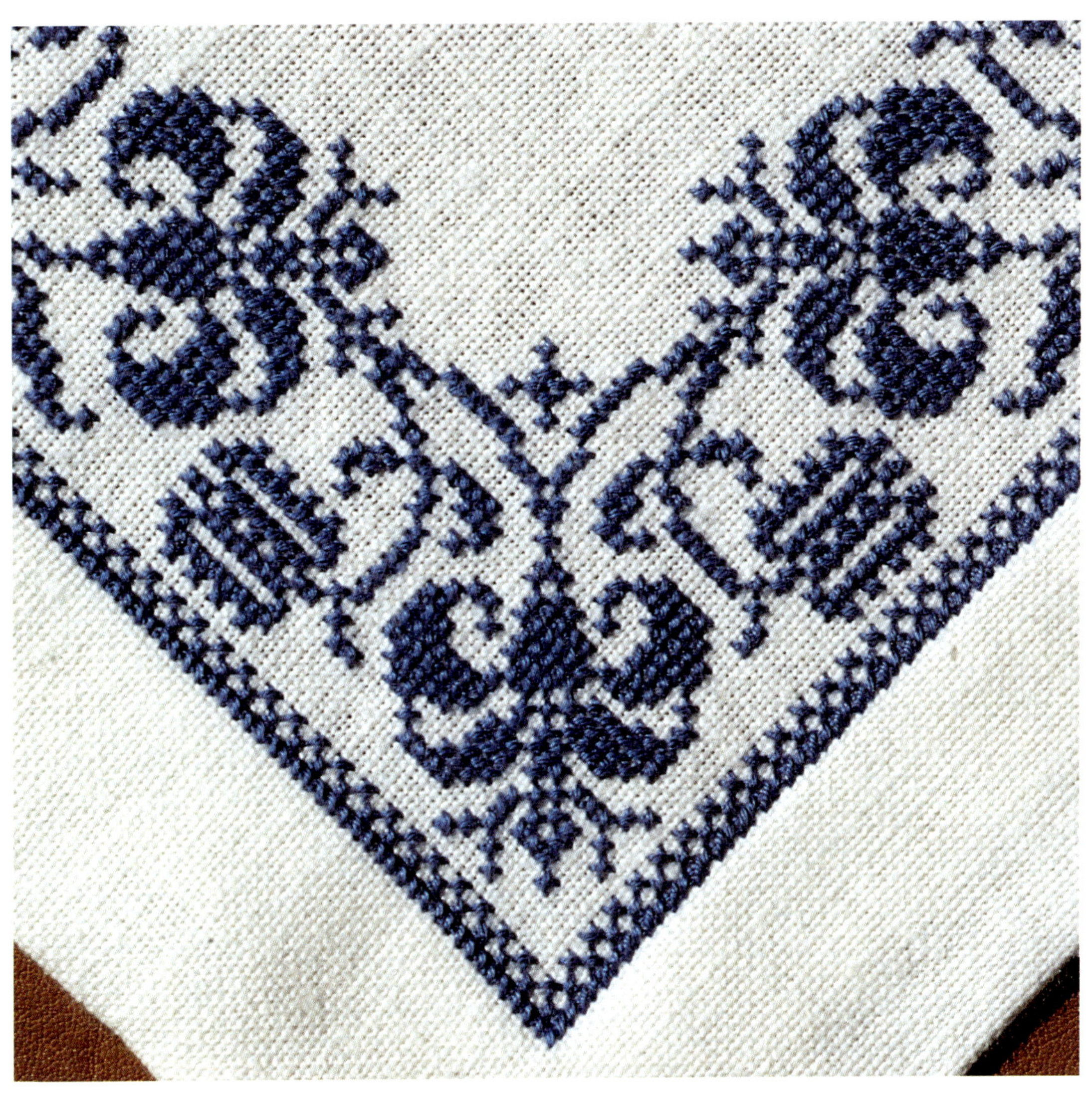

Der letzte Musterrapport der einen Kante geht ganz zwanglos in den ersten der anschließenden Kante über, wenn man nach der Ecke spiegelverkehrt weiterstickt.

Kissen »Rokoko«

Üppige Ranken und Verzierungen machen das Mittelmotiv dieses Kissens zu einem hinreißenden kleinen Kunstwerk. Mit seiner regelmäßigen Form ist das Muster ideal für quadratische Objekte, unser Kissen misst 40 x 40 cm.

Material:
Zweigart-Reinleinen »Cork«, 8-fädig
Anchor Sticktwist (3-fädig sticken)
in Rot (47)

Maße der Stickerei:
12,8 x 12,8 cm
Ein Kreuzstich geht über 2 Gewebefäden

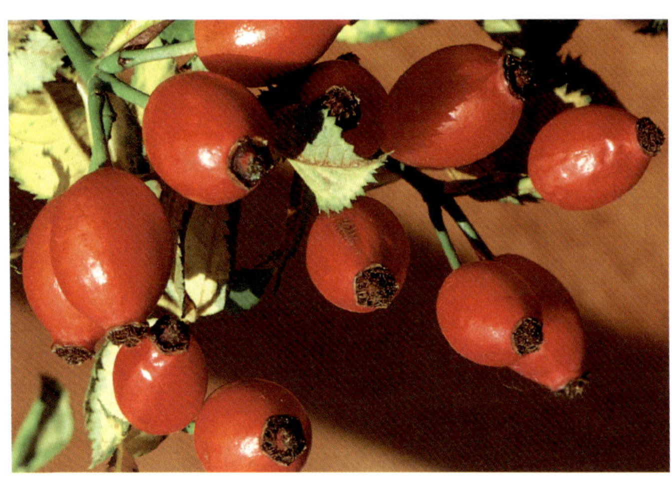

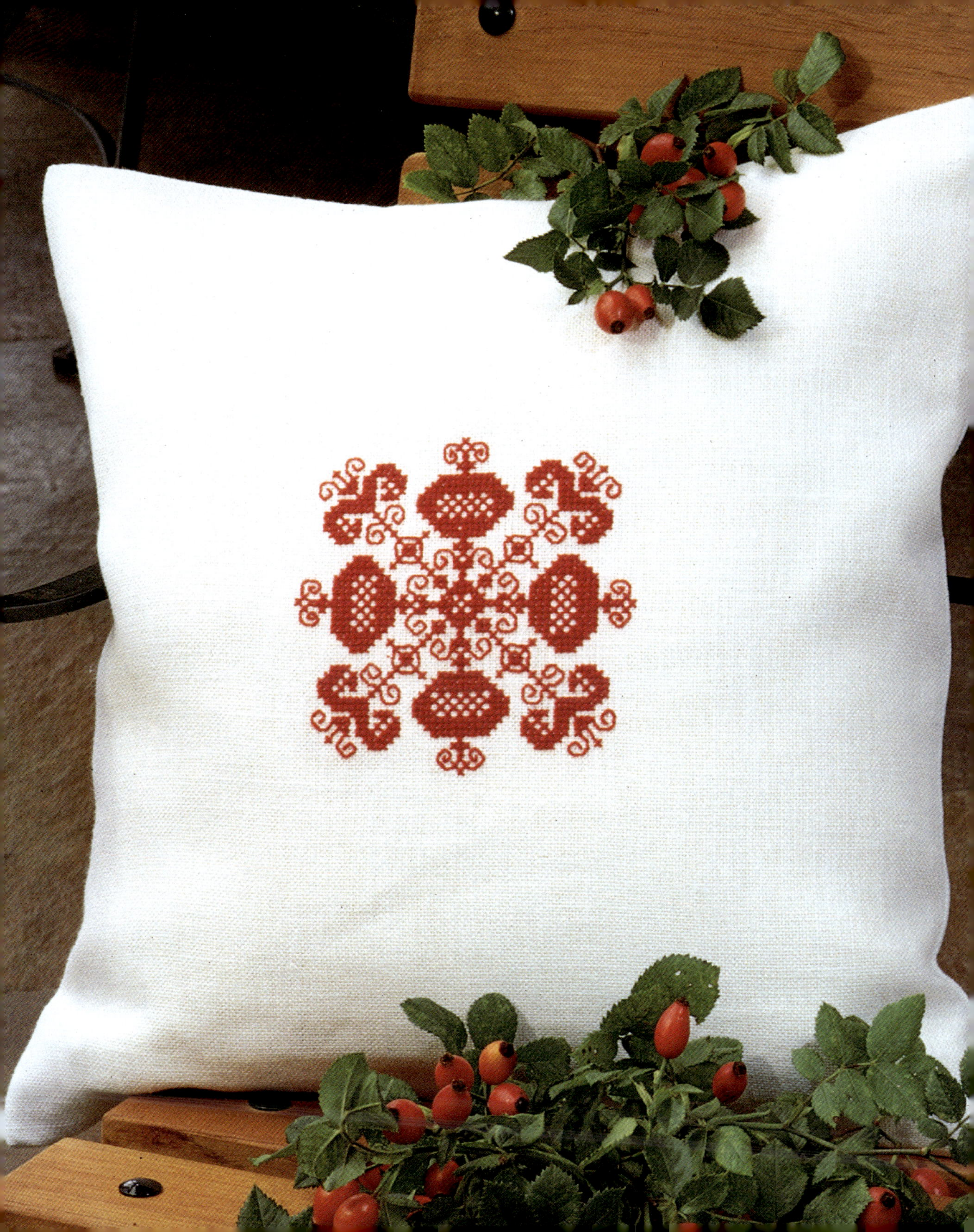

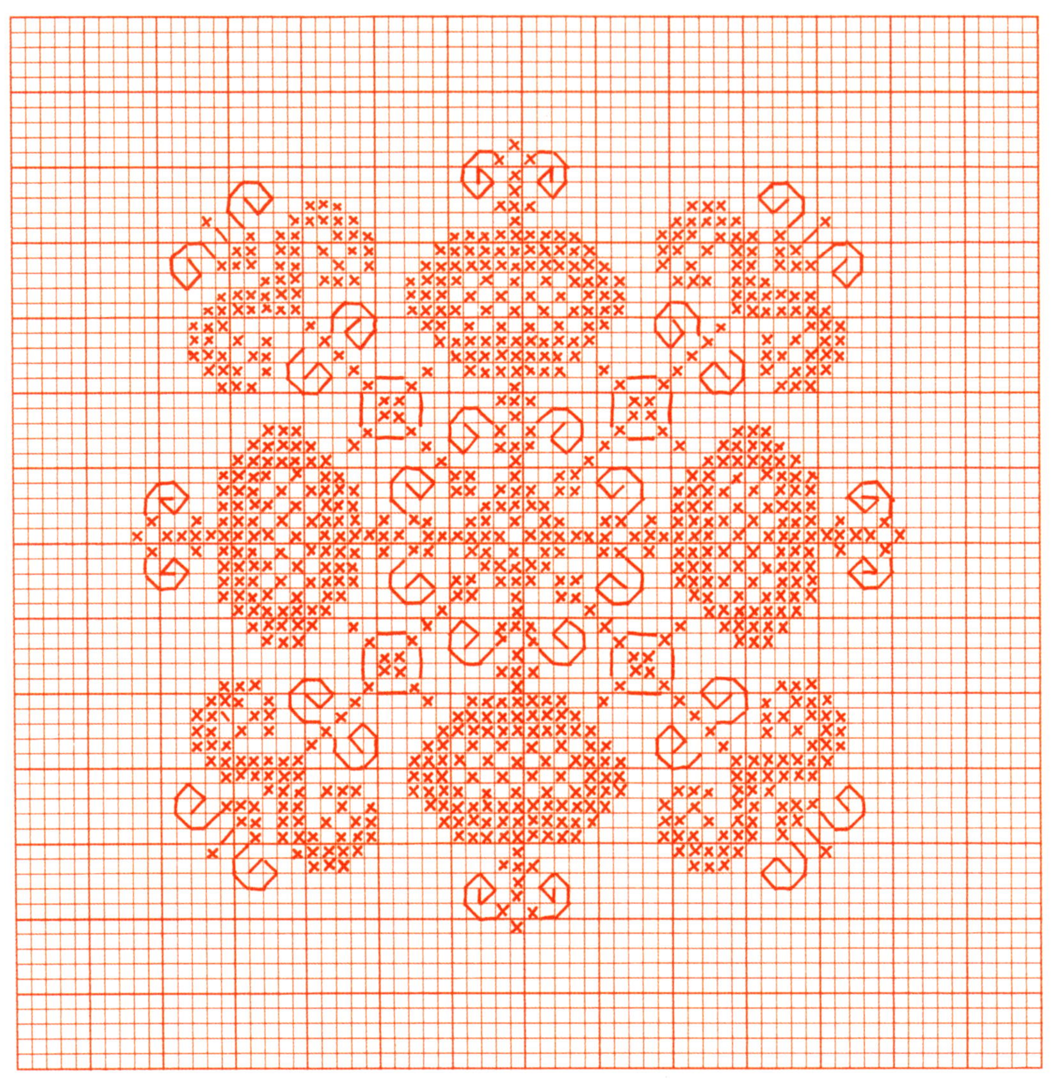

Der Name »Rokoko« drängt sich auf, wenn man die zahlreichen feinen Rückstich-Verzierungen betrachtet, die dem Muster seinen besonderen Charakter geben.

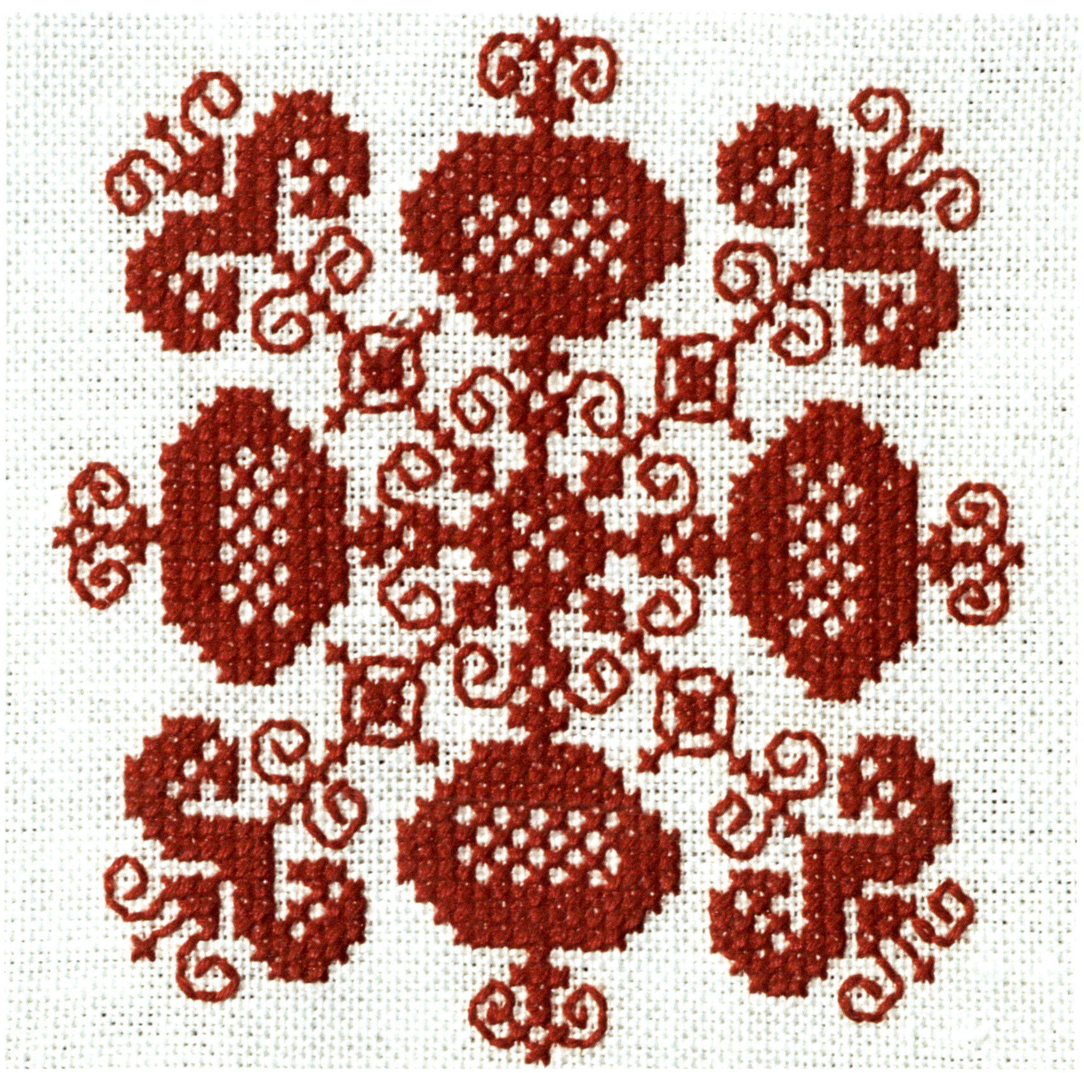

Haben Sie eigentlich eine Idee, welche Pflanze oder welcher Gegenstand bei diesem Motiv Pate gestanden haben könnte?

Bordüre »Tulpe«

Solche Bordüren sind vielseitig einsetzbar – als Mittelmotiv eines schmalen Läufers, als Schmuckband, das sich quer über ein Kissen zieht. Ebenso gut könnten Sie aber auch den Rand eines Vorhanges mit diesem trotz aller Regelmäßigkeit so lebendigen Motiv verzieren.

Material:

Zweigart-Reinleinen »Shannon«, 10-fädig
Anchor Sticktwist (2-fädig sticken)
in Mintgrün (216)

Maße:

Breite der Bordüre: 9,5 cm
Länge eines Musterrapports: 5,9 cm
Ein Kreuzstich geht über 2 Gewebefäden

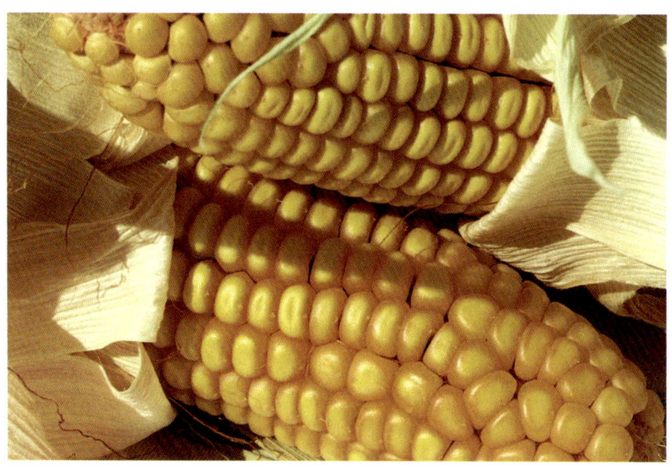

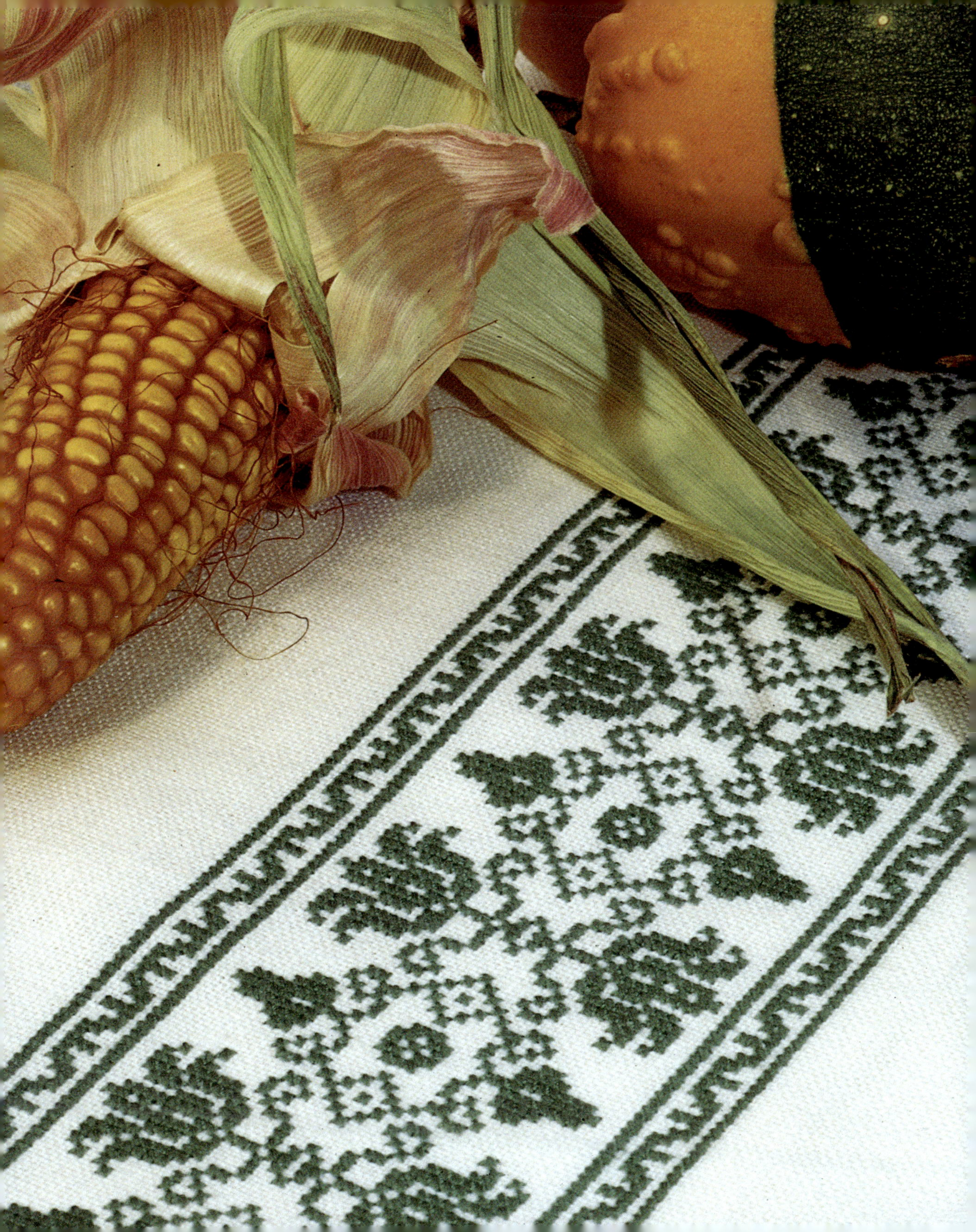

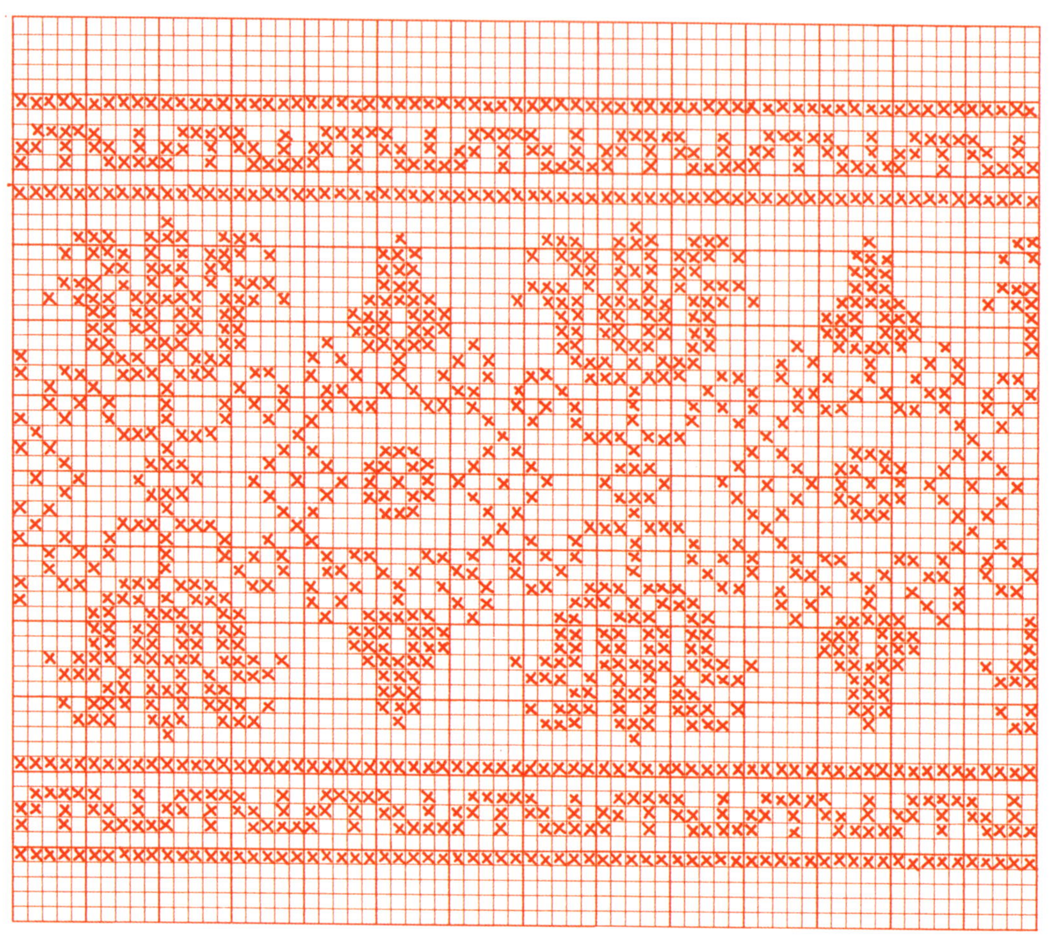

Wieder sind bei diesem Muster die duftig-lockeren Verzierungen besonders reizvoll.

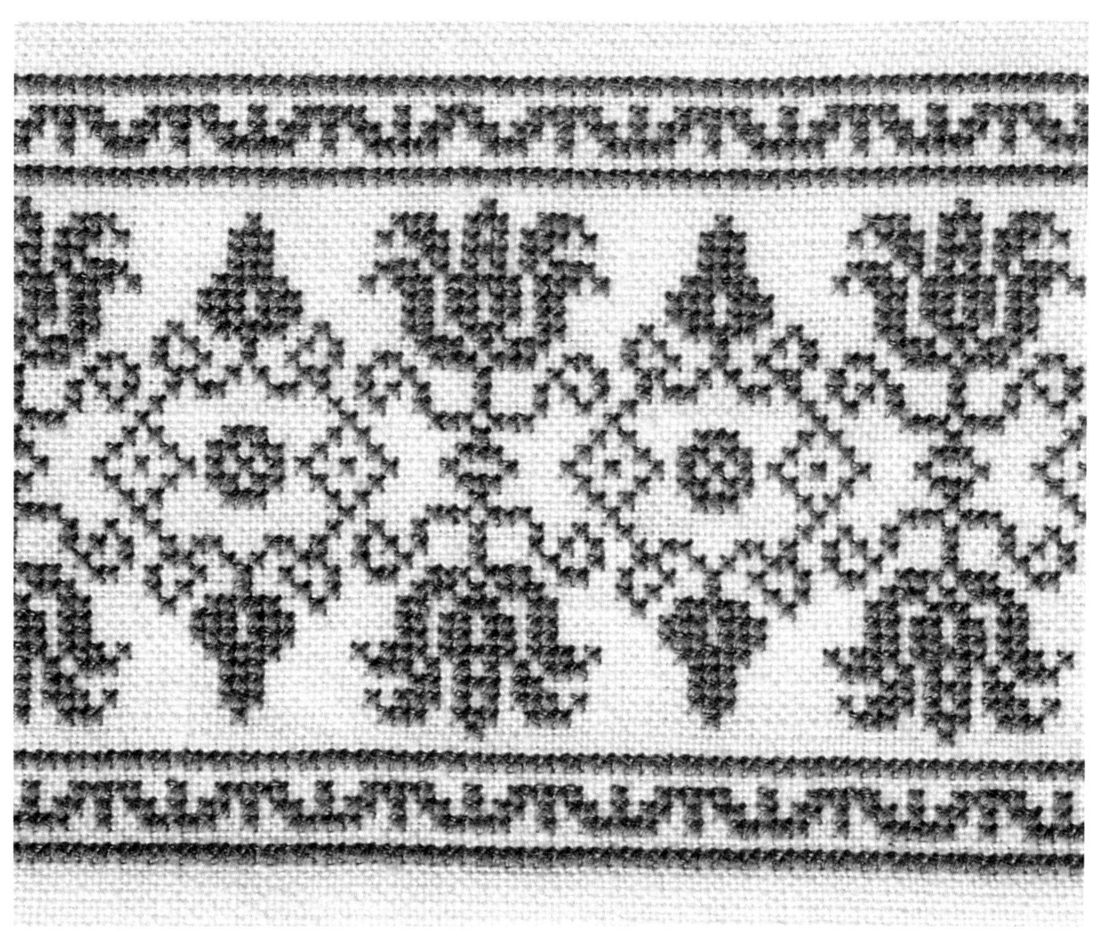

Alle Ranken sind hier in vollen Kreuzstichen ausgeführt – vielleicht wären auch Rückstiche als zartere Alternative denkbar.

Lampenschirm »Glockenblume«

Ein besonders reiches stilisiertes Blumenmotiv
haben wir hier vor uns. Am besten wirkt die »Glockenblume«
sicherlich, wenn sie wirklich von unten nach oben
wachsen kann und nicht auf einer Tischdecke oder einem Läufer
in die Horizontale gezwungen wird. So bin ich auf die Idee gekommen,
sie auf den Bezug eines Lampenschirms zu sticken.

Material:
Zweigart-Reinleinen »Shannon«, 10-fädig
Anchor Sticktwist (2-fädig sticken) in den Farben
Altrosa (896) · Pink (969)

Maße:
Glockenblumenmotiv ohne Borte: 7,2 x 16,5 cm
Breite der Borte: 4,0 cm
Länge eines Musterrapports: 6,7 cm
Ein Kreuzstich geht über 2 Gewebefäden

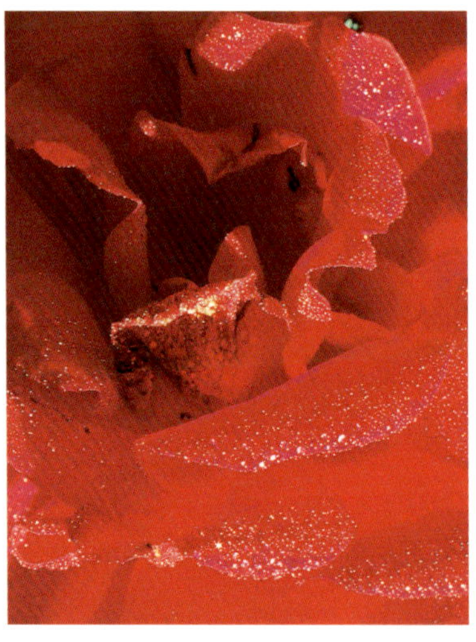

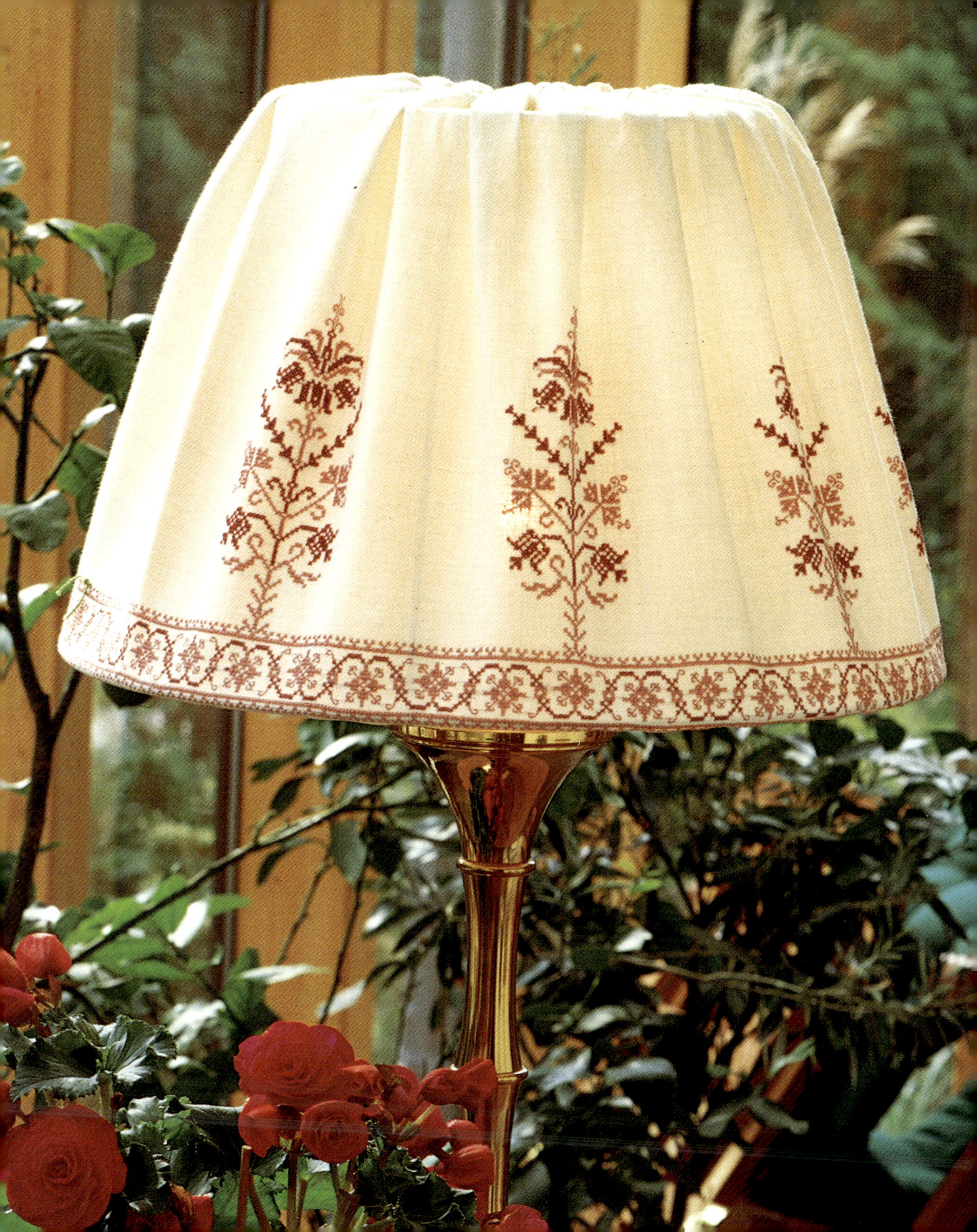

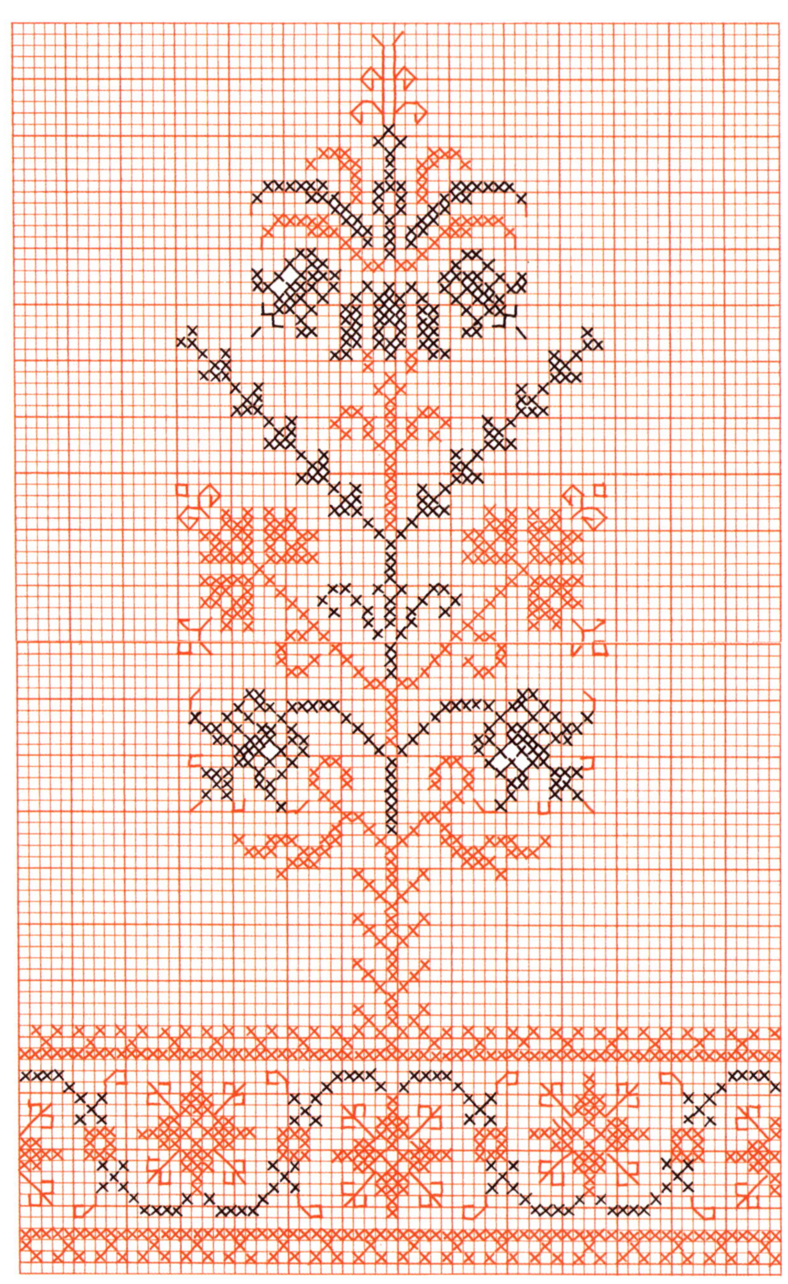

Natürlich wären das Glockenblumen-Motiv und die Borte auch unabhängig voneinander denkbar …

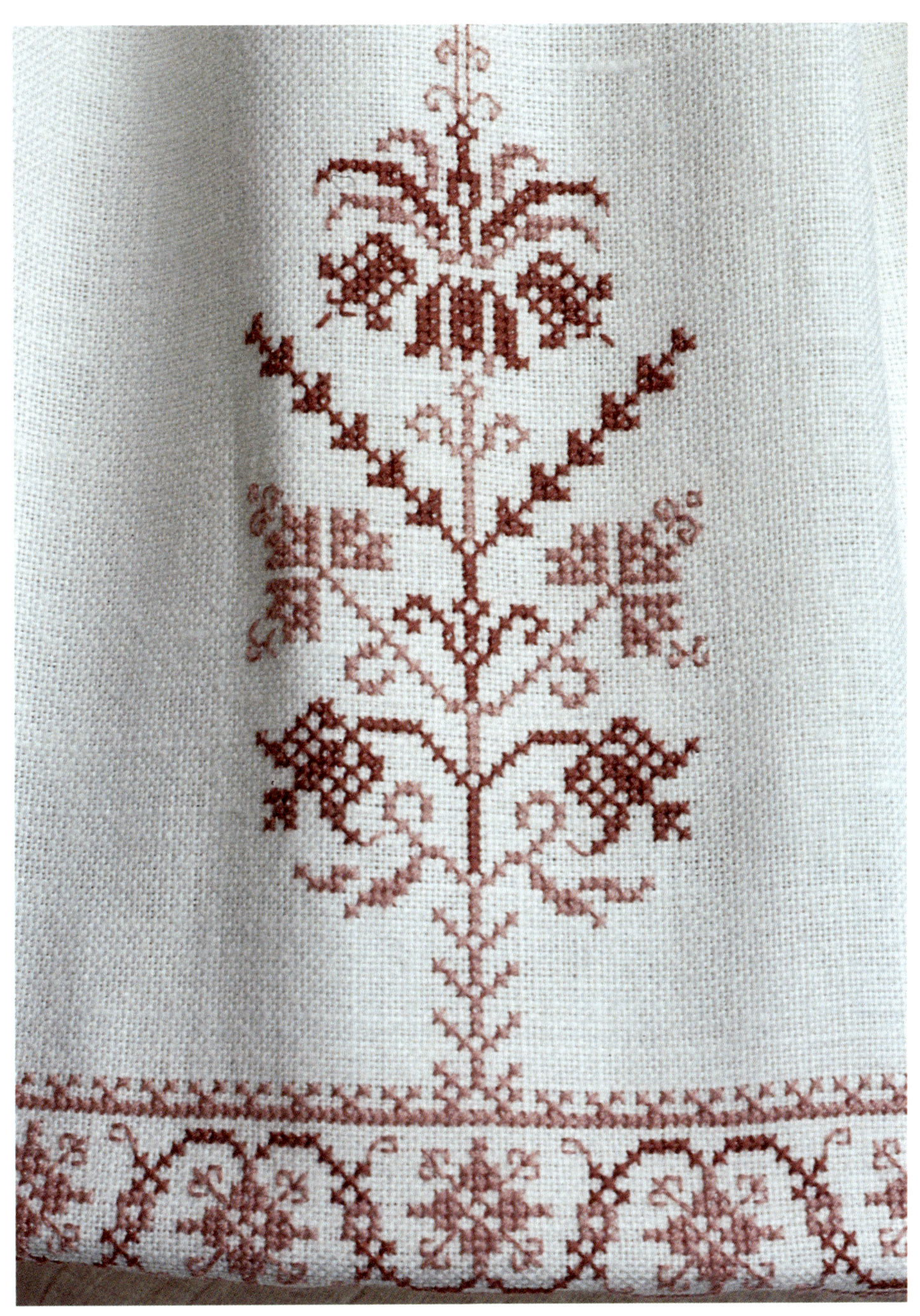

… aber ist die Kombination so nicht zauberhaft?

Kissen »Nelkenstrauß«

Hier haben wir wiederum ein fantasievolles und vielseitig verwendbares Mittelmotiv, das sich für eine Tischdecke ebensogut eignen würde wie für dieses quadratische, 40 x 40 cm große Kissen. Trotz der fast modern anmutenden Verfremdung der Formen bei diesem alten Muster: Die typische Gestalt der Nelkenblüten ist noch erkennbar. Die kleinen Blümchen dazwischen könnten Vergissmeinnicht sein.

Material:
Zweigart-Reinleinen »Cork«, 8-fädig
Anchor Sticktwist (3-fädig sticken)
in Zartblau (921)

Maße der Stickerei:
14,5 x 14,5 cm
Ein Kreuzstich geht über 2 Gewebefäden

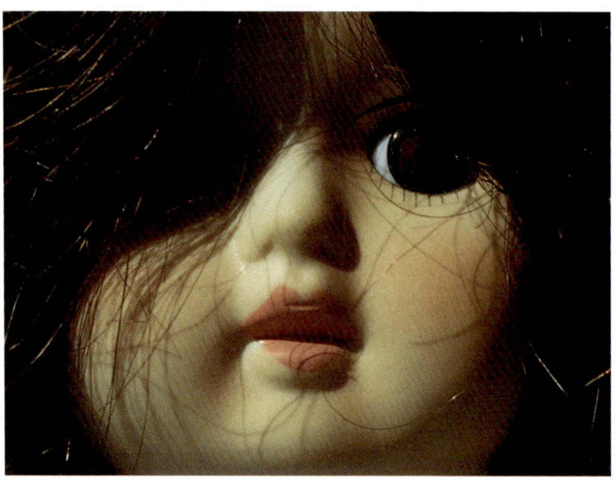

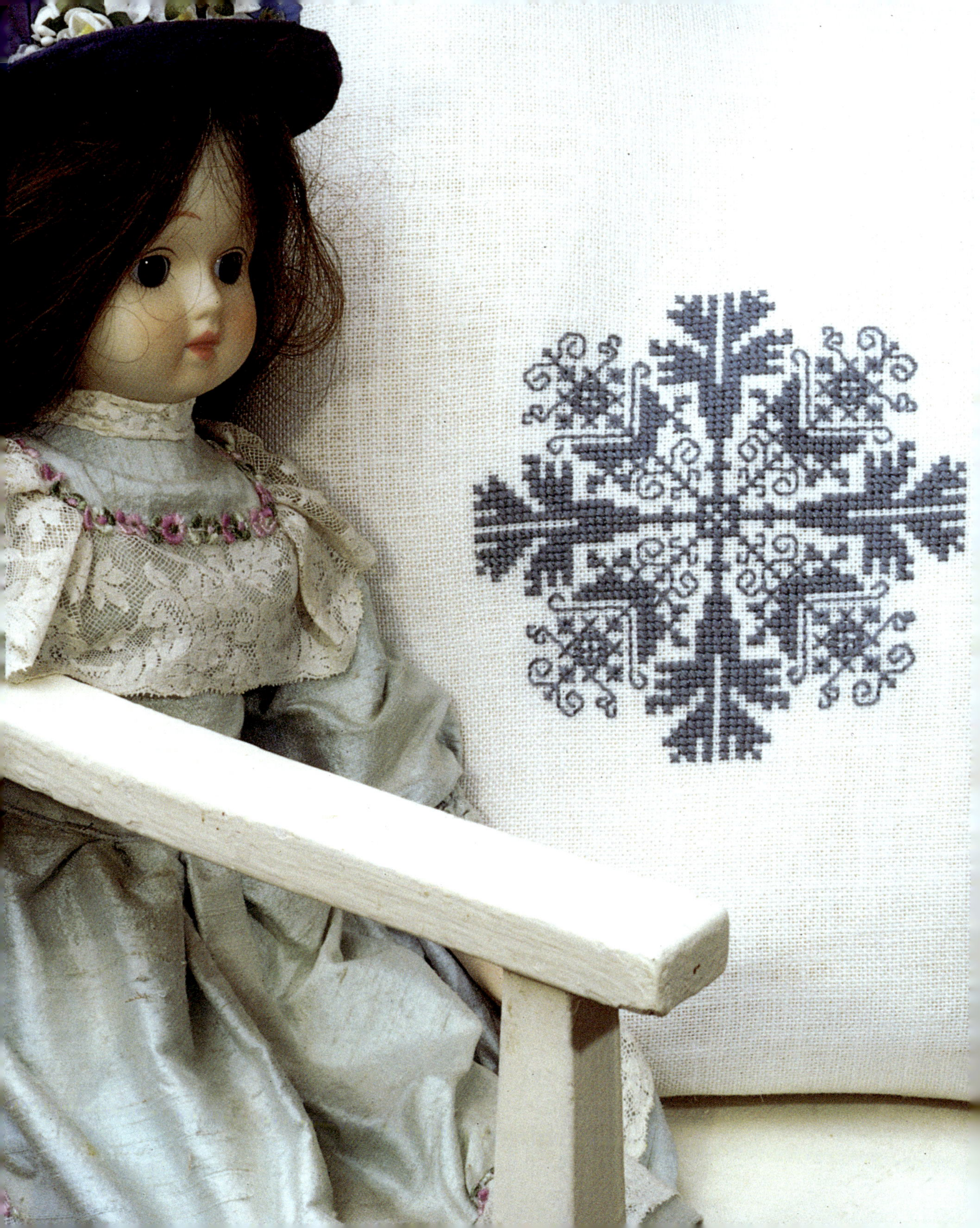

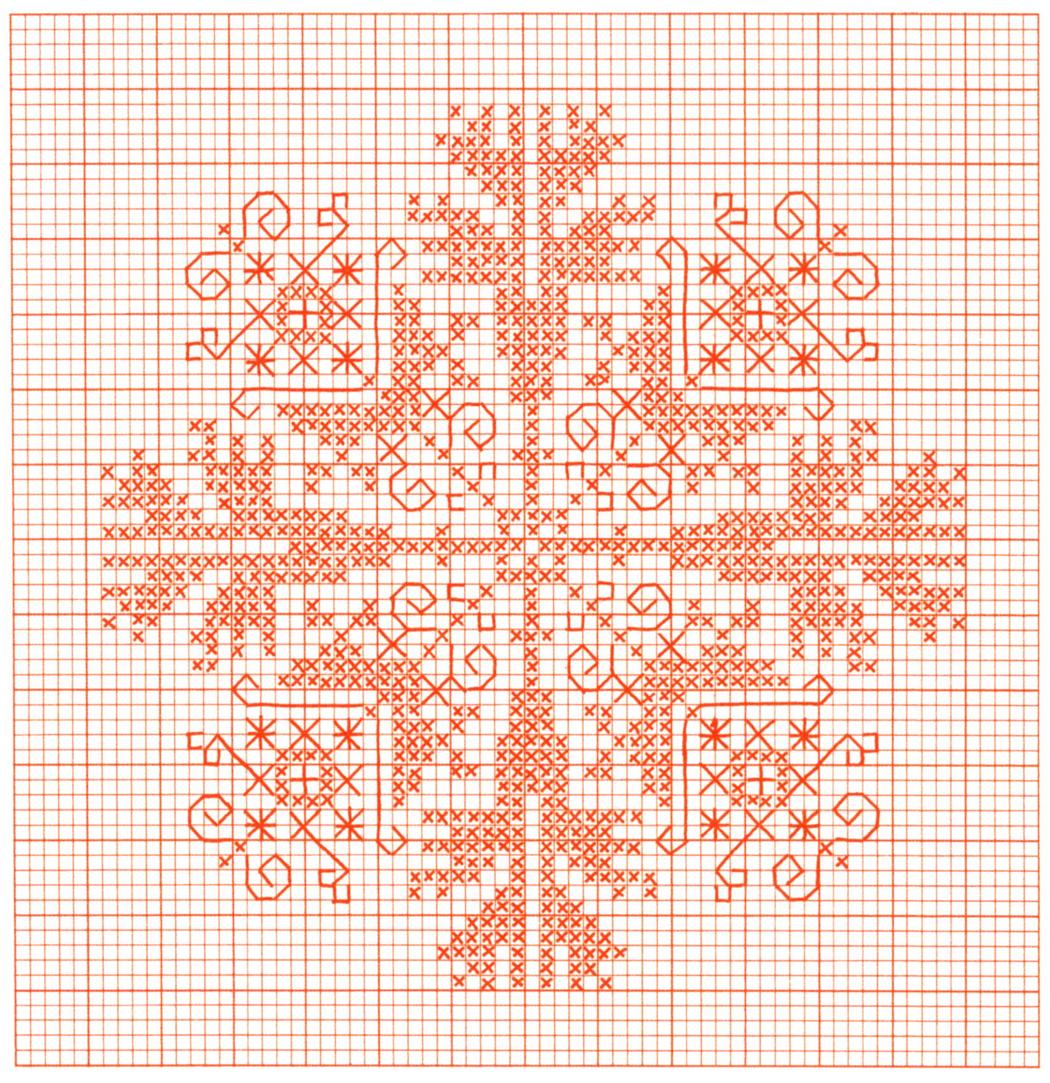

In diesem Motiv werden unter anderem kleine Sternstiche als Verzierung eingesetzt.

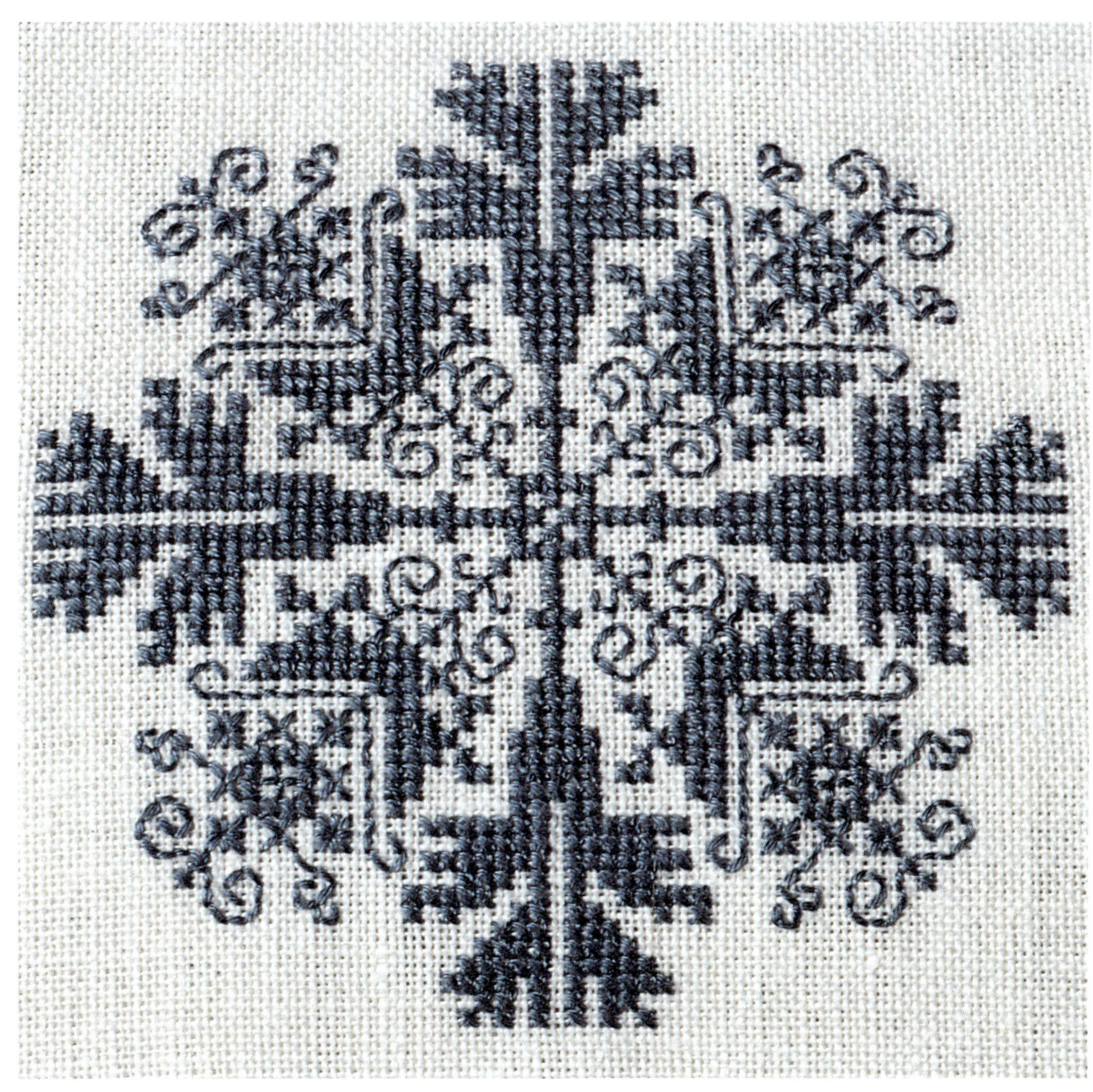

Das Detailfoto zeigt das fertige Ergebnis in allen Nuancen.

Bordüre »Hagebuttenstrauch«

Diese Bordüre ist eigentlich zu schade, dass man damit nur den Rand von Textilien verziert. Auch die seitlich nach außen weisenden Dreiecke prädestinieren sie als Zentralmotiv. Rücken Sie das Muster also in die Mitte und verwenden Sie es für ein Vorhangband oder für einen schmalen Tischläufer. Diejenigen, die es nicht lassen können, die Borte rundum zu sticken, könnten die Dreiecke weglassen, zumindest auf der Innenseite; auch in dieser Form wäre das Muster ausgesprochen effektvoll.

Material:

Zweigart-Reinleinen »Shannon«, 10-fädig
Anchor Sticktwist (2-fädig sticken) in Rot (47)

Maße:

Breite der Borte: 4,7 cm
Länge eines Musterrapports: 7,2 cm
Ein Kreuzstich geht über 2 Gewebefäden

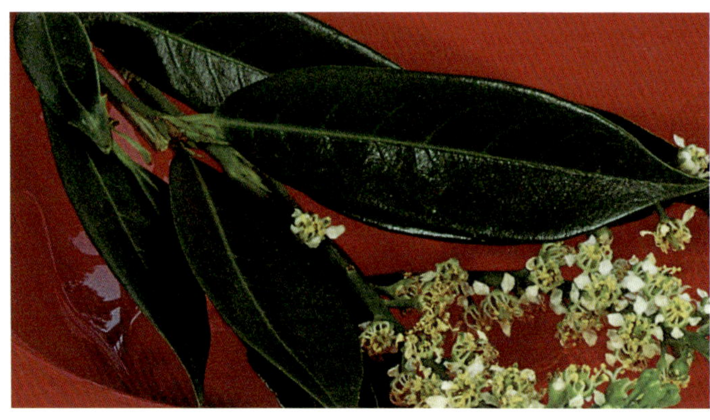

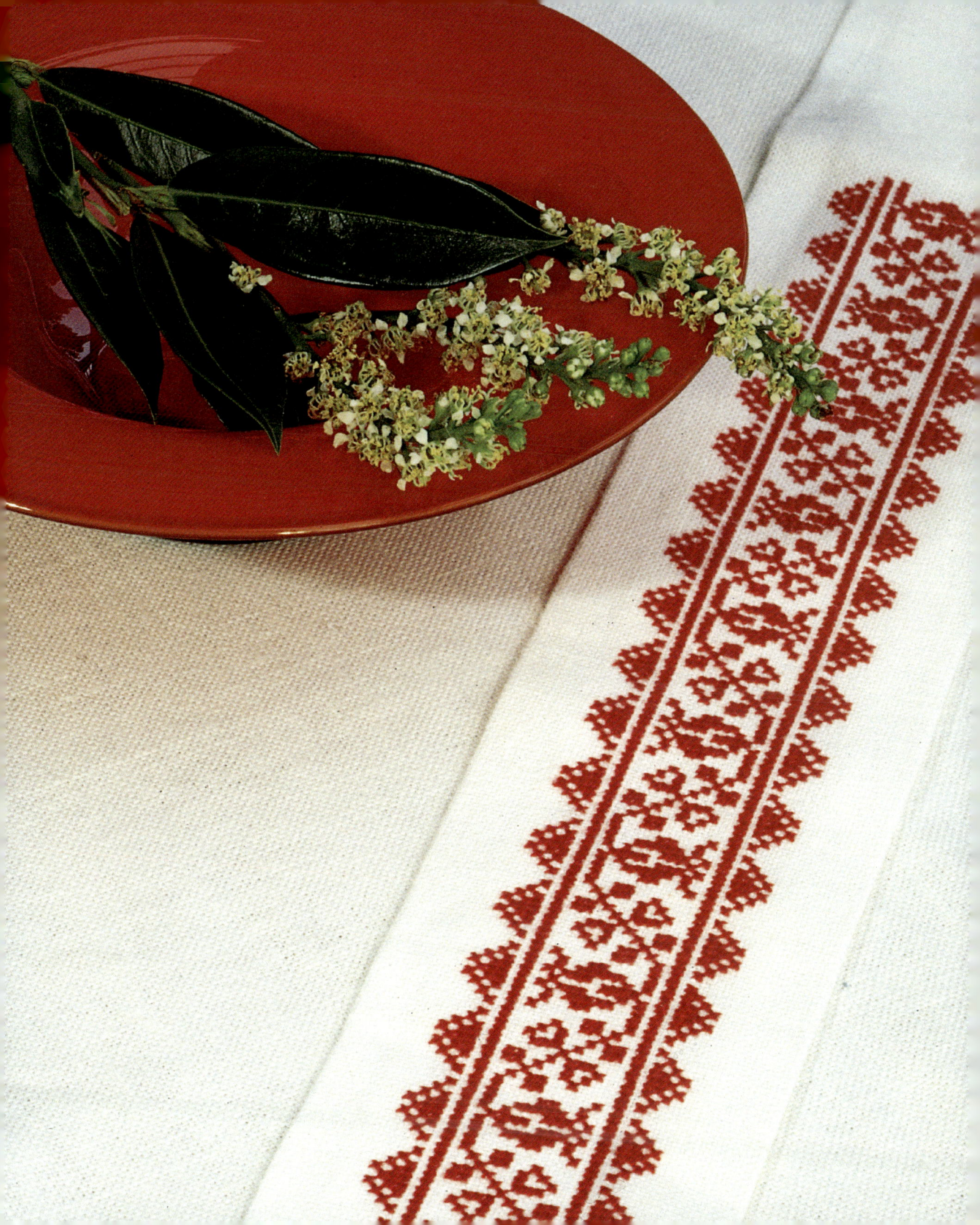

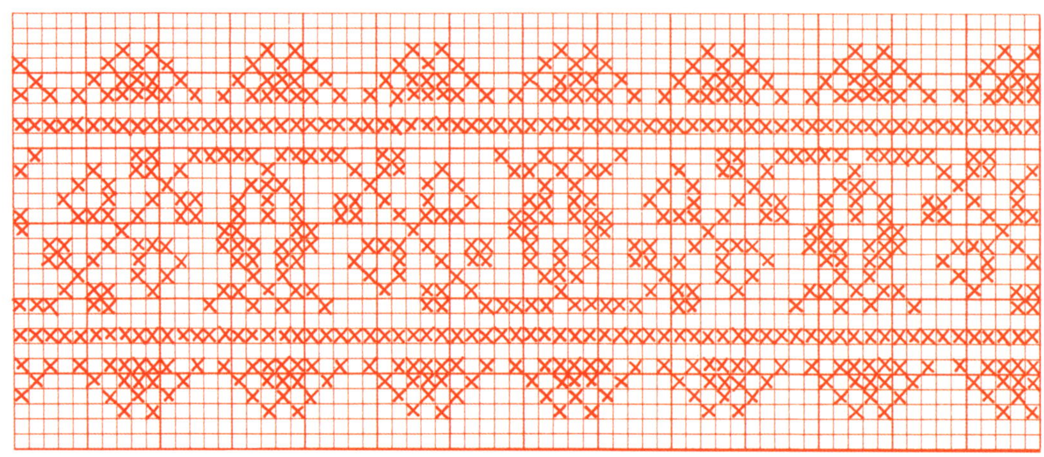

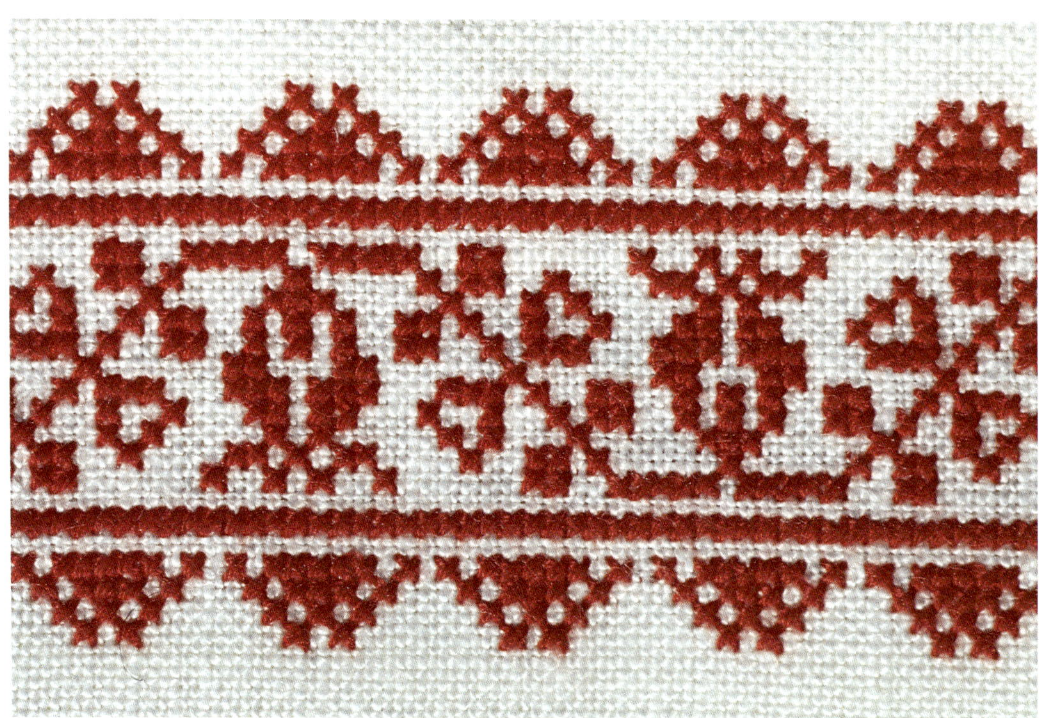

Ein Tipp für die, die diese Borte um die Ecke sticken wollen: Schließen Sie am rechten Ende einer Kante mit dem schräg nach rechts unten führenden Rankenmotiv ab!

Tischläufer »Vergissmeinnicht«

Die Borte für diesen Tischläufer ist ein gutes Beispiel dafür,
wie weit sich Blumenmotive stilisieren lassen.
Die quadratische Struktur des Gewebes hat die wild
wuchernde Üppigkeit der Blätter und Blüten,
die als Vorlage dienten, gezähmt.
Dieser Gegensatz verleiht solchen Mustern
einen besonderen Reiz.

Material:
Zweigart-Reinleinen »Shannon«, 10-fädig
Anchor Sticktwist (2-fädig sticken) in Zartblau (921)

Maße:
Breite der Borte: 2,4 cm
Länge eines Musterrapports: 4,7 cm
Maße des Eckmotivs: 3,9 x 3,9 cm
Ein Kreuzstich geht über 2 Gewebefäden

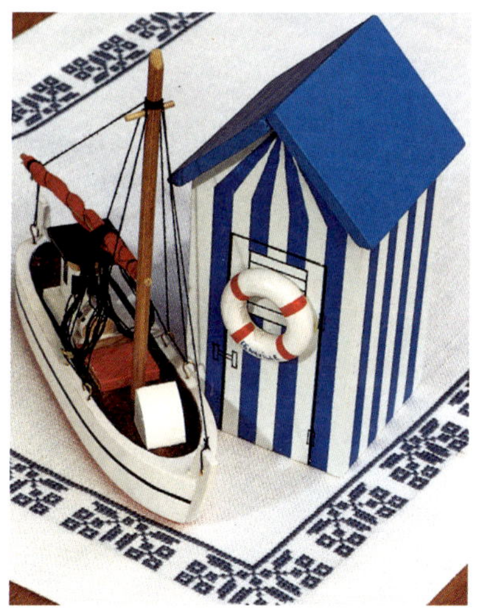

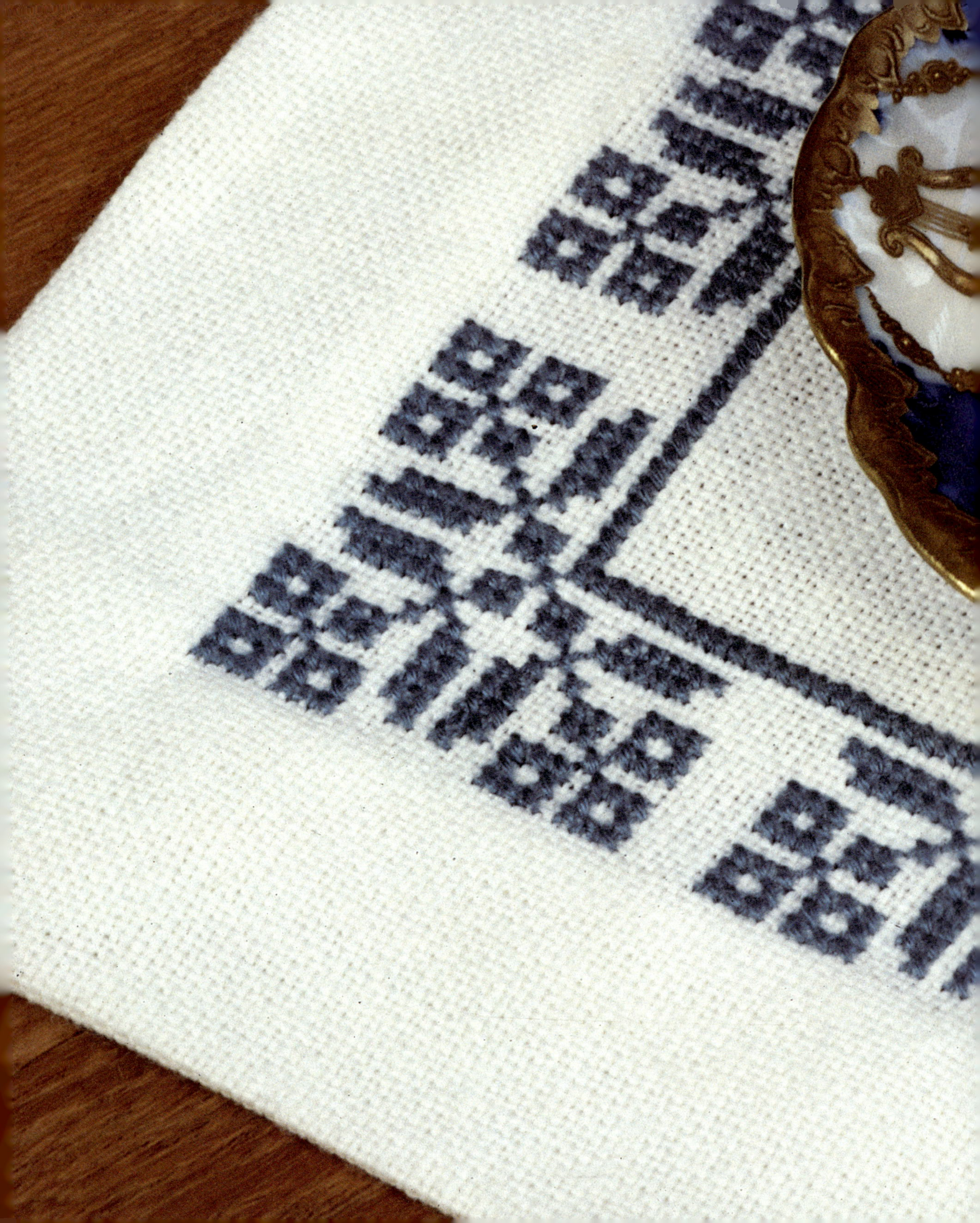

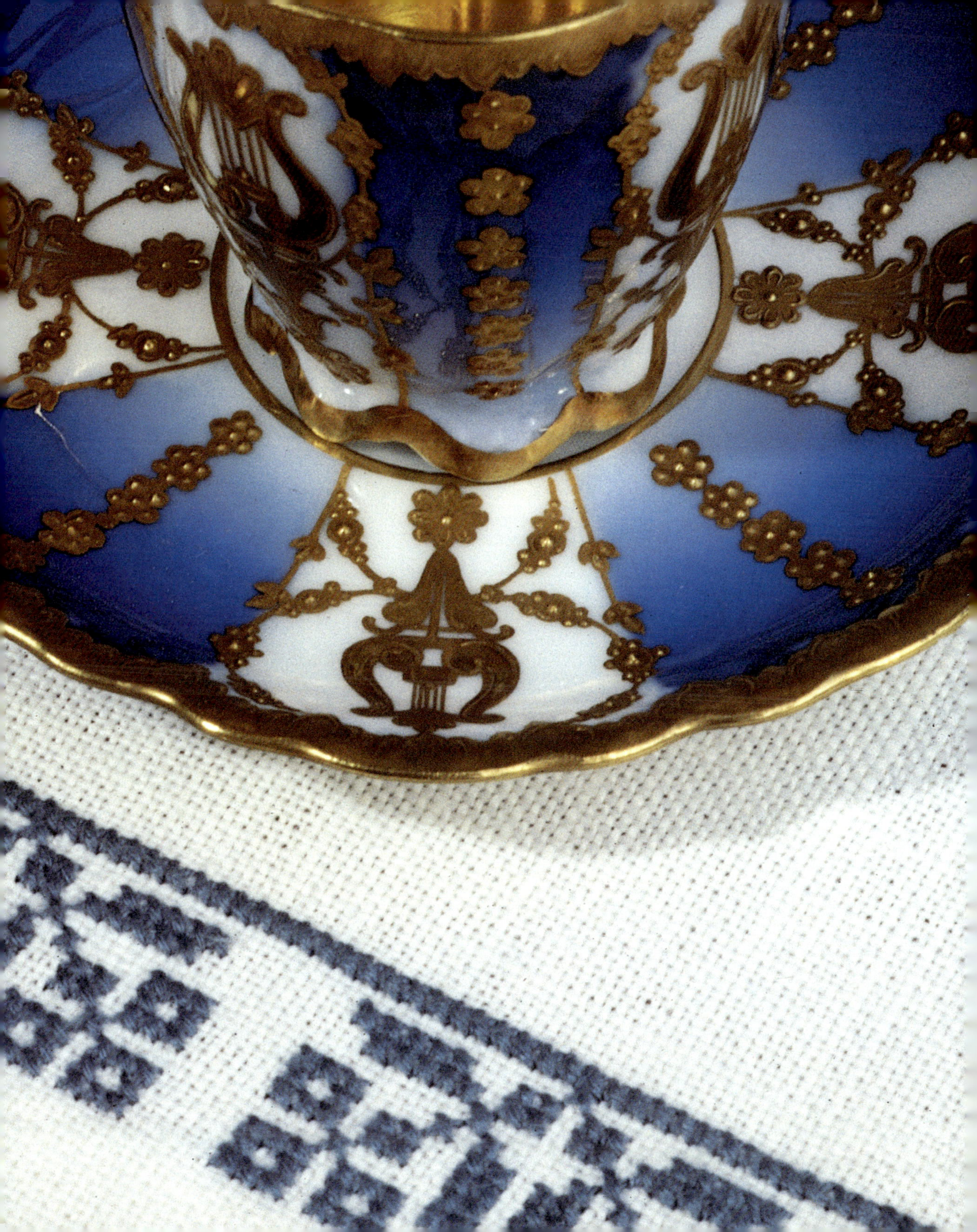

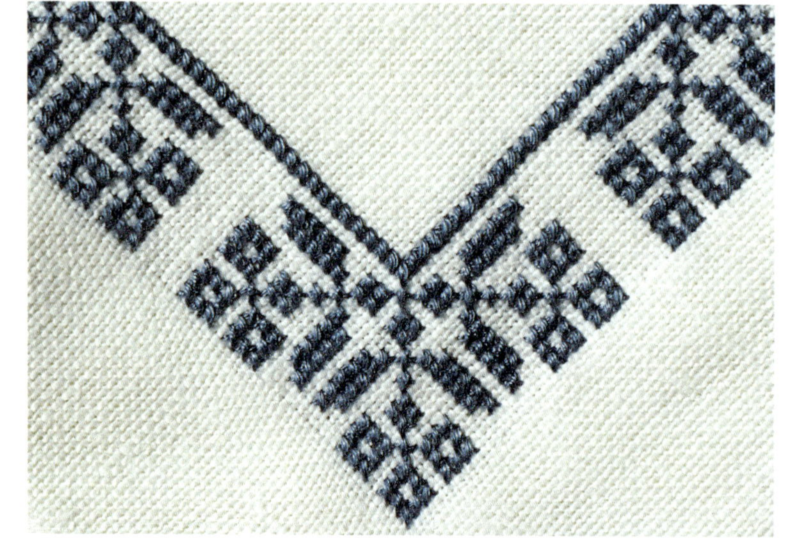

Hier ist die Ecklösung wieder einmal völlig problemlos ...

... wie überhaupt das Muster recht bequem zu sticken ist.

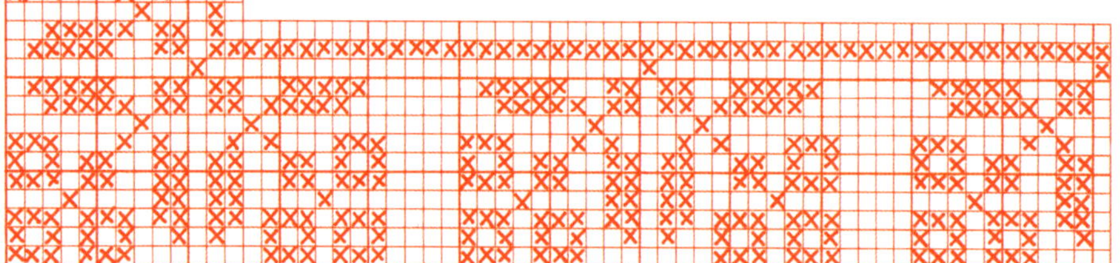

Serviette »Ornament«
Serviette »Lichtnelke«

Dezent in zarten Farben bestickte Servietten
sind das i-Tüpfelchen jeder festlichen Tafel.
Hier haben wir einfach zwei kleine Schmuckmotive
aus unserem reichen Schatz ausgesucht und sie in harmonischen
Farbtönen in die Ecken unserer Servietten gestickt.
Als Borte dient ein einfacher Hohlsaum in
der Farbe des Musters.

Material:
Zweigart-Reinleinen »Shannon«, 10-fädig
Anchor Sticktwist (2-fädig sticken) in
Zartblau (921) für »Ornament«
Pink (969) für »Lichtnelke«

Maße beider Stickereien:
2,8 x 2,8 cm
Ein Kreuzstich geht über 2 Gewebefäden

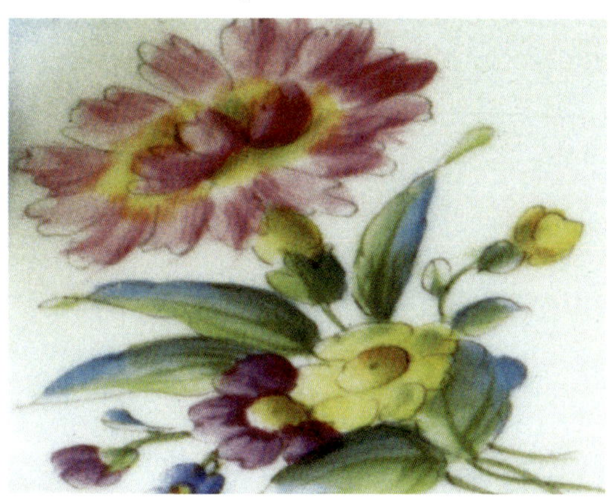

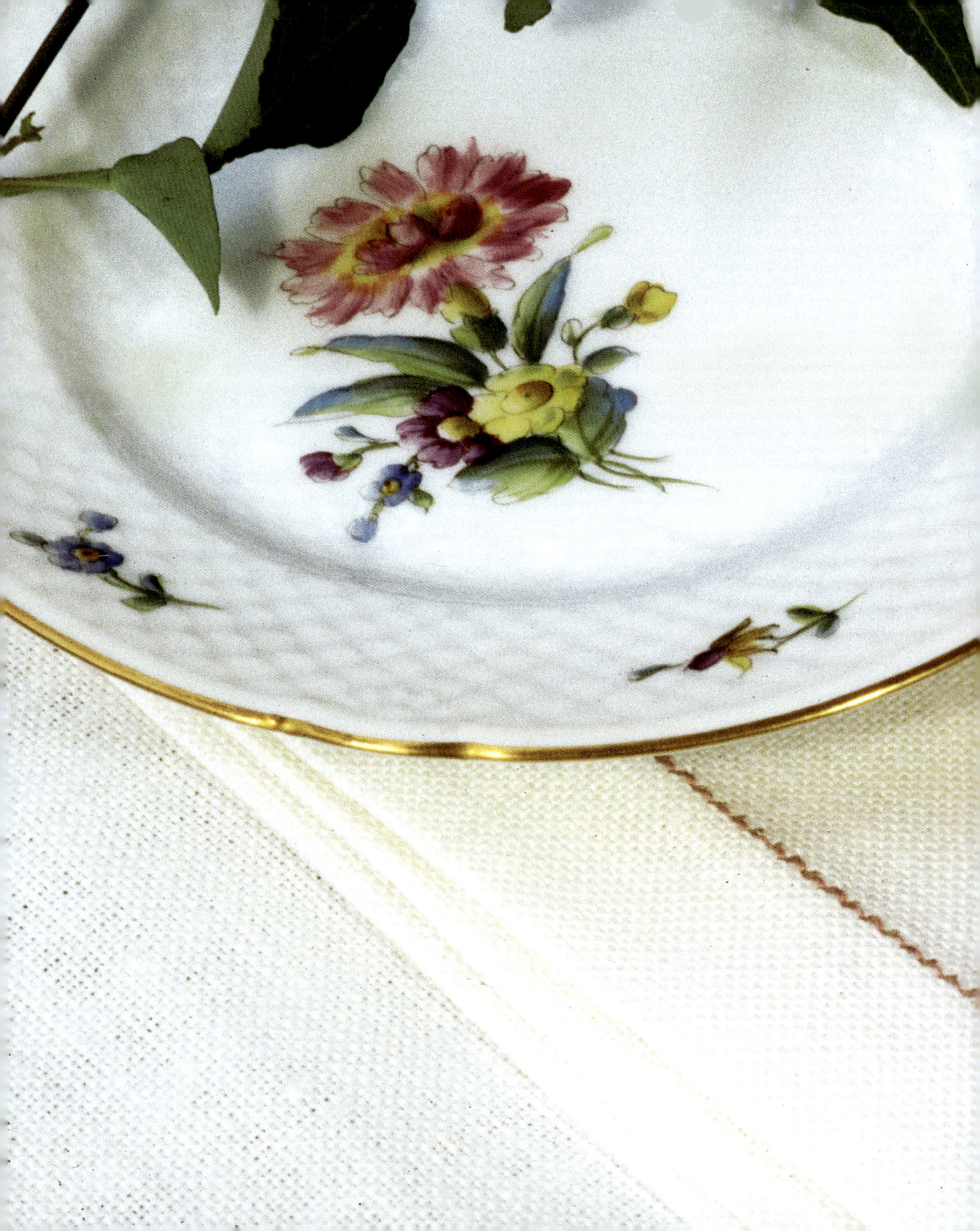

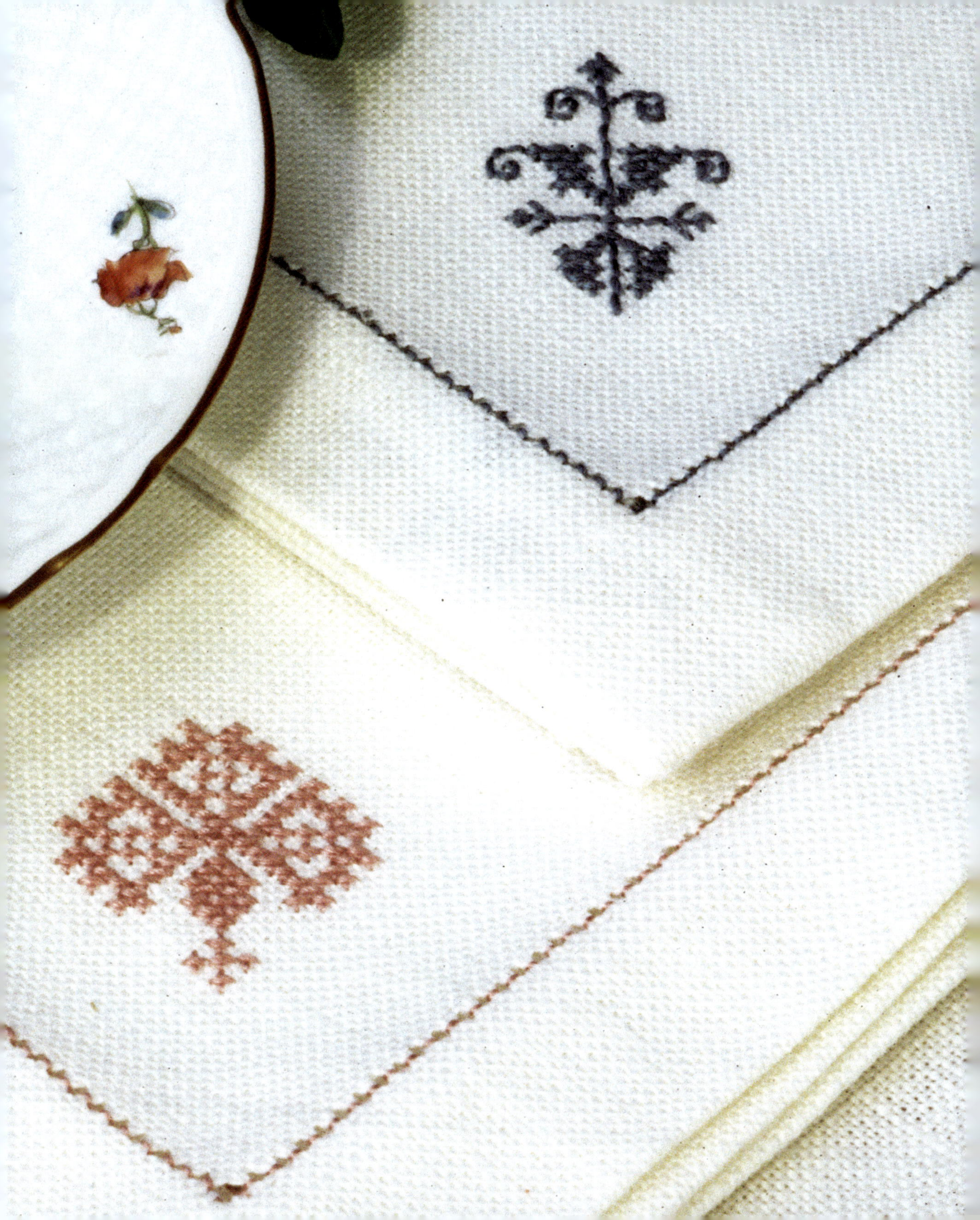

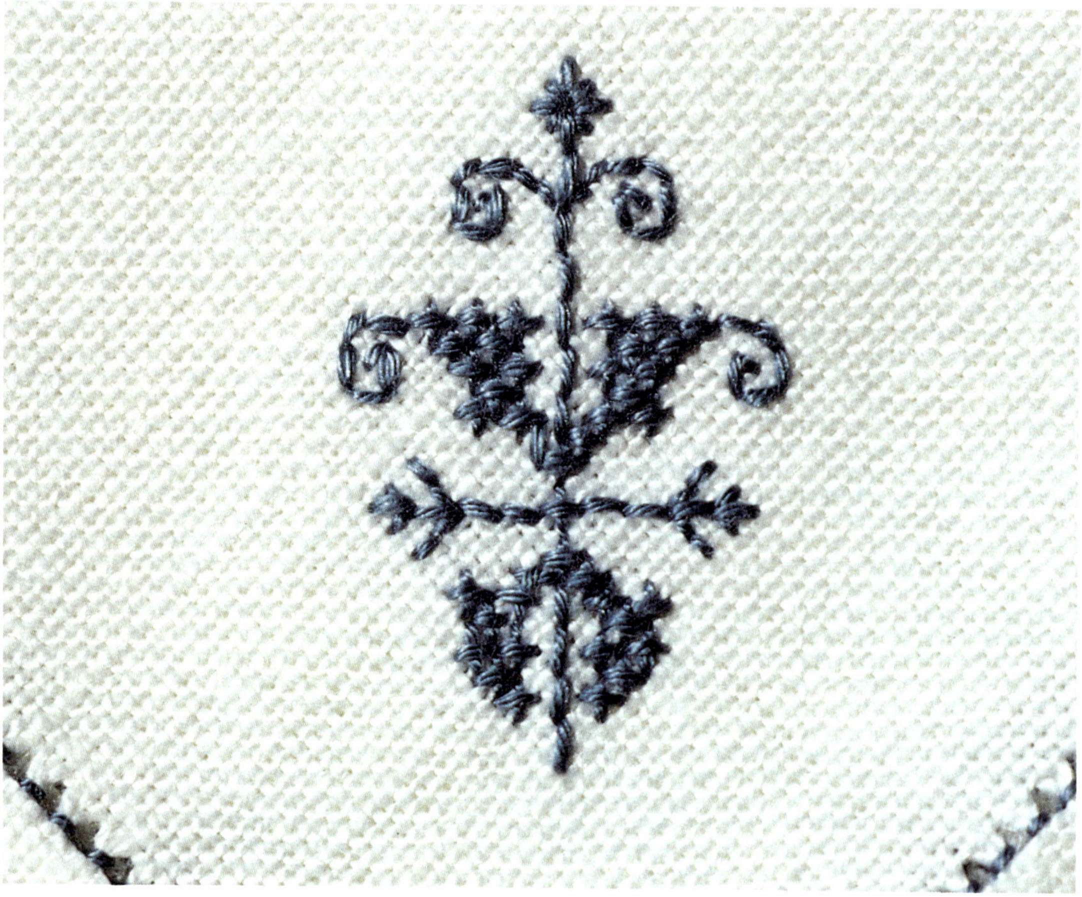

Klein, aber fein: die Schmuckmotive »Ornament« . . .

Serviette »Ornament«

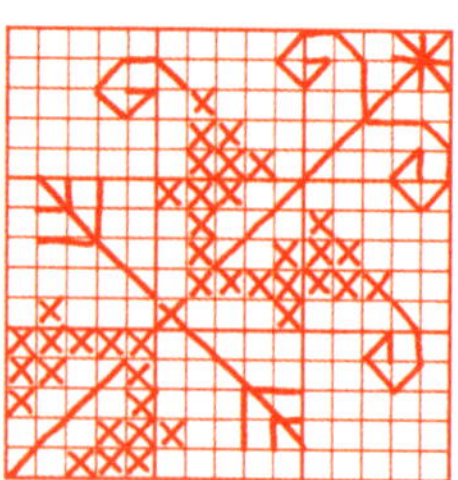

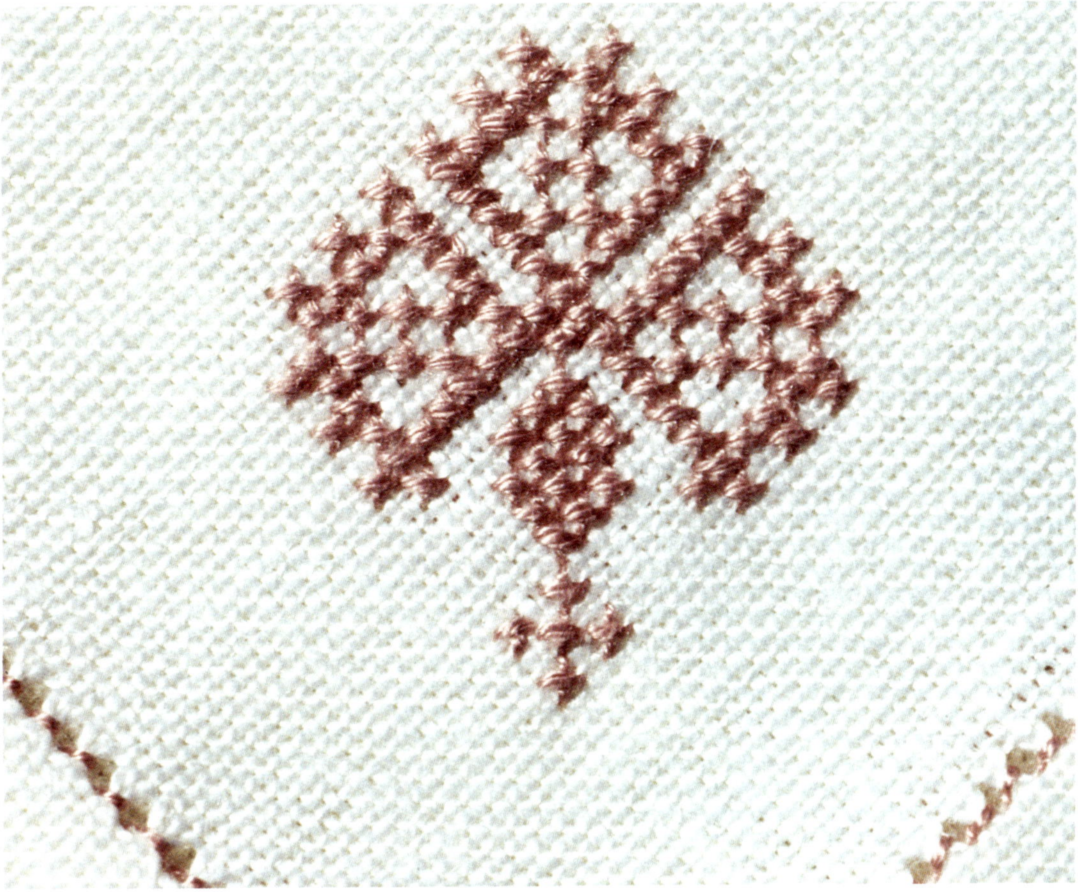

... und »Lichtnelke« in der Nahaufnahme

Serviette »Lichtnelke«

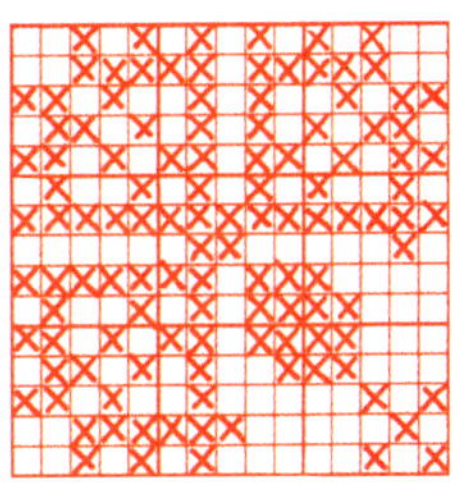

Kissen mit Bordüre »Frühlingsboten«

Recht abstrakt wirkt das aufwändige Muster dieser breiten, detailreichen Bordüre – dennoch meint man, sieht man genauer hin, Schneeglöckchen und Tulpen erkennen zu können. Um nur eine Tischdecke oder einen Vorhang zu umrahmen ist es fast zu üppig. Auch wird es knifflig, wenn man eine passende Ecklösung zu finden versucht. So schlagen wir hier vor es quer über ein Kissen zu sticken.

Material:
Zweigart-Reinleinen »Cork«, 8-fädig
Anchor Sticktwist (3-fädig sticken)
in Mintgrün (216)

Maße:
Breite der Bordüre: 14,7 cm
Länge eines Musterrapports: 17,6 cm
Ein Kreuzstich geht über 2 Gewebefäden

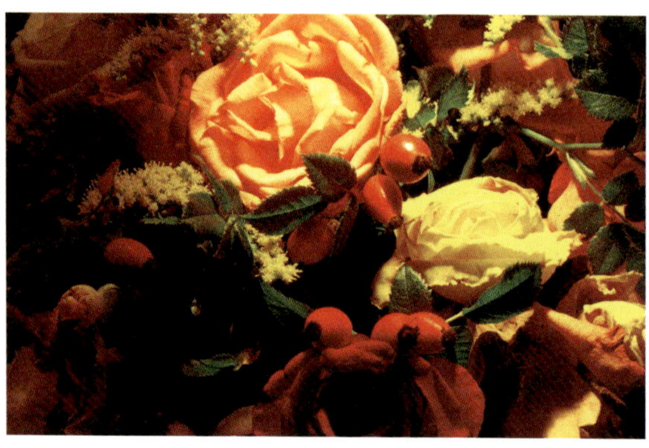

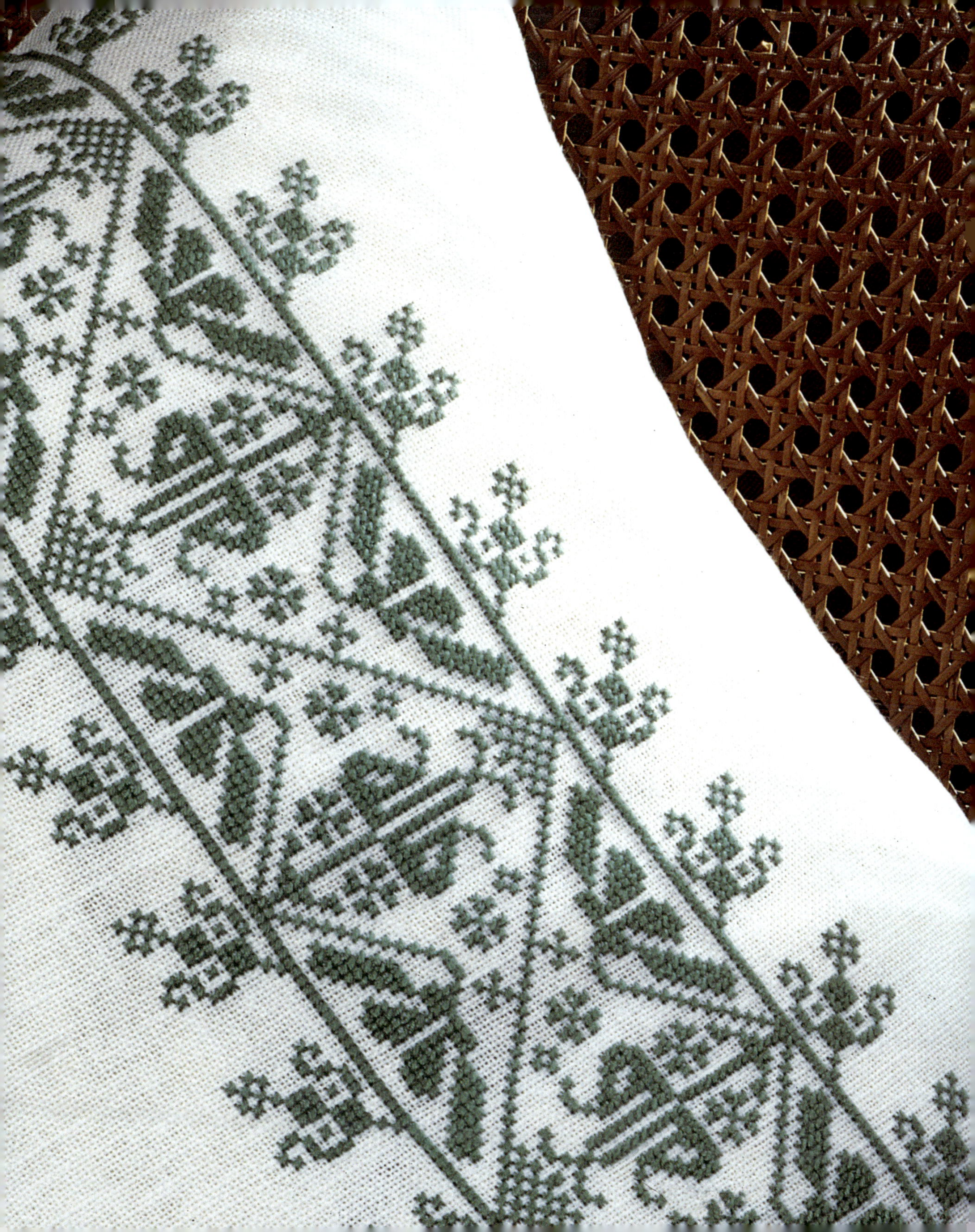

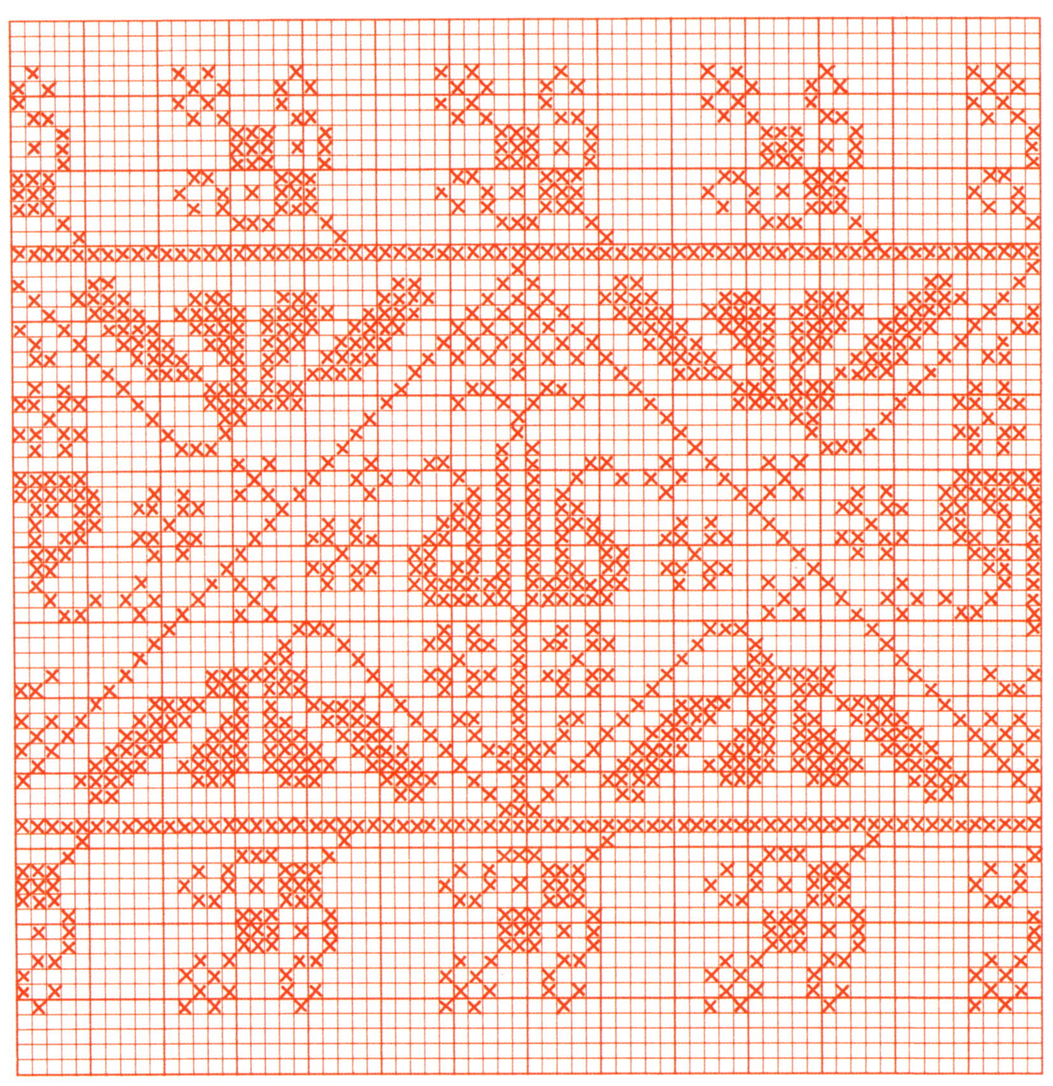

Die Zählvorlage hilft, dass man sich durch dieses komplexe Muster leichter durchfindet …

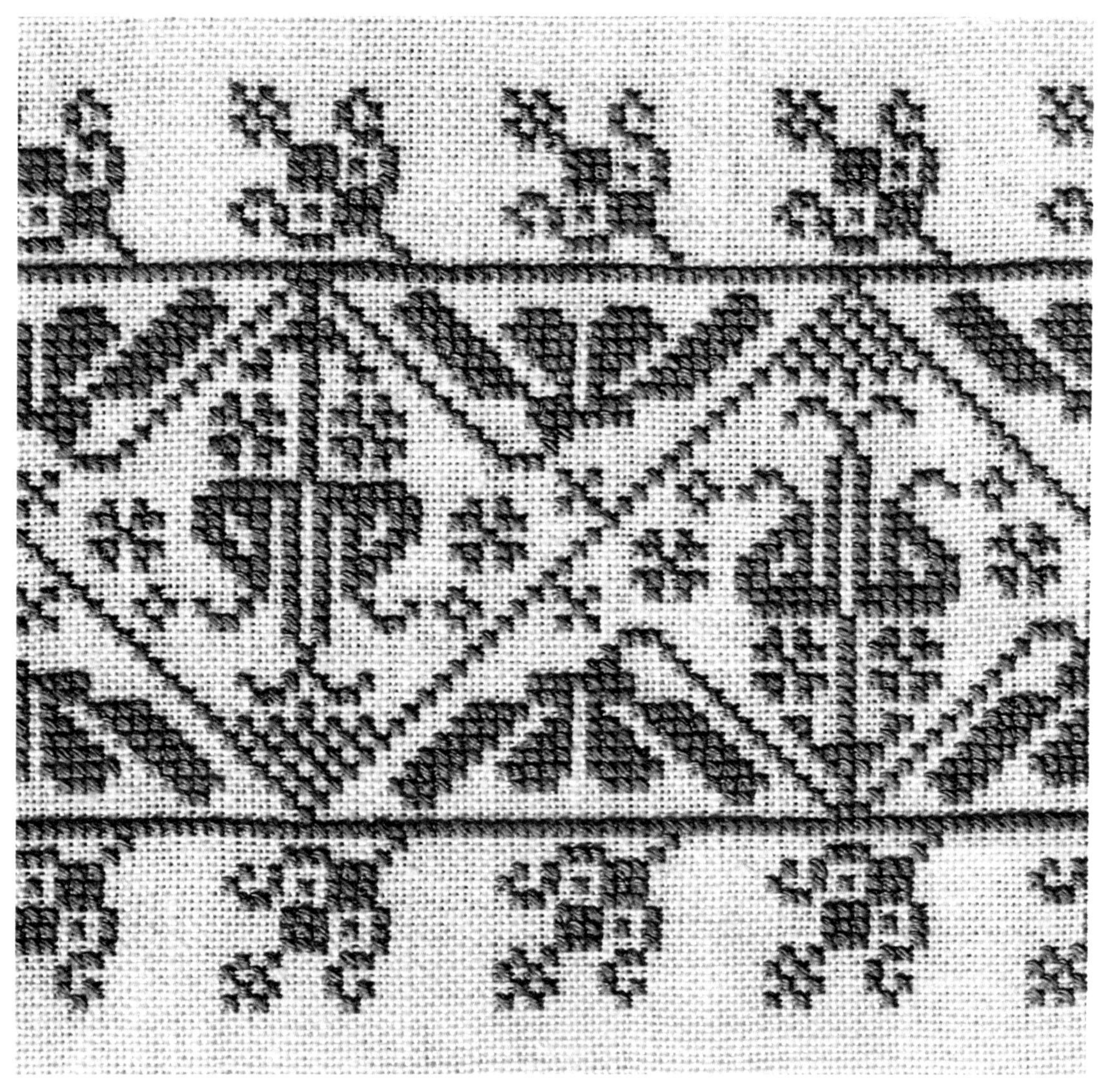

... bis die Bordüre Gestalt angenommen hat.

Borte »Rosenrot«

Schlicht und einfach, aber dekorativ
präsentiert sich diese Borte.
Dadurch eignet sie sich besonders gut als
ruhige, dezente Einfassung größerer Textilien,
etwa für einen Vorhang.

Material:
Zweigart-Reinleinen »Shannon«, 10-fädig
Anchor Sticktwist (2-fädig sticken)
in Rot (47)

Maße:
Breite der Borte: 1,0 cm
Länge eines Musterrapports: 1,9 cm
Ein Kreuzstich geht über 2 Gewebefäden

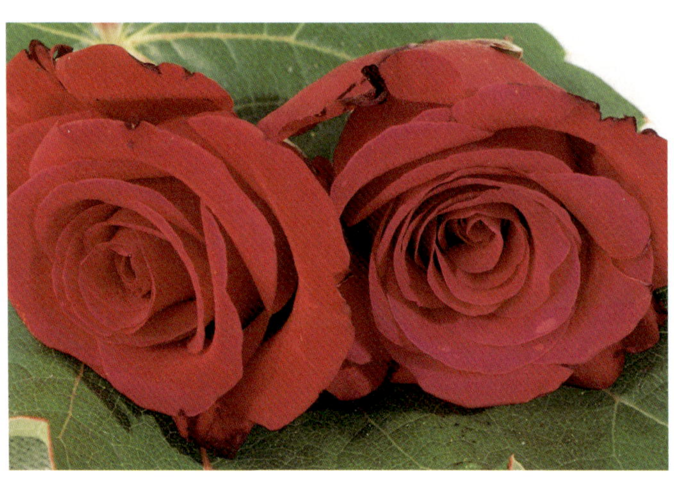

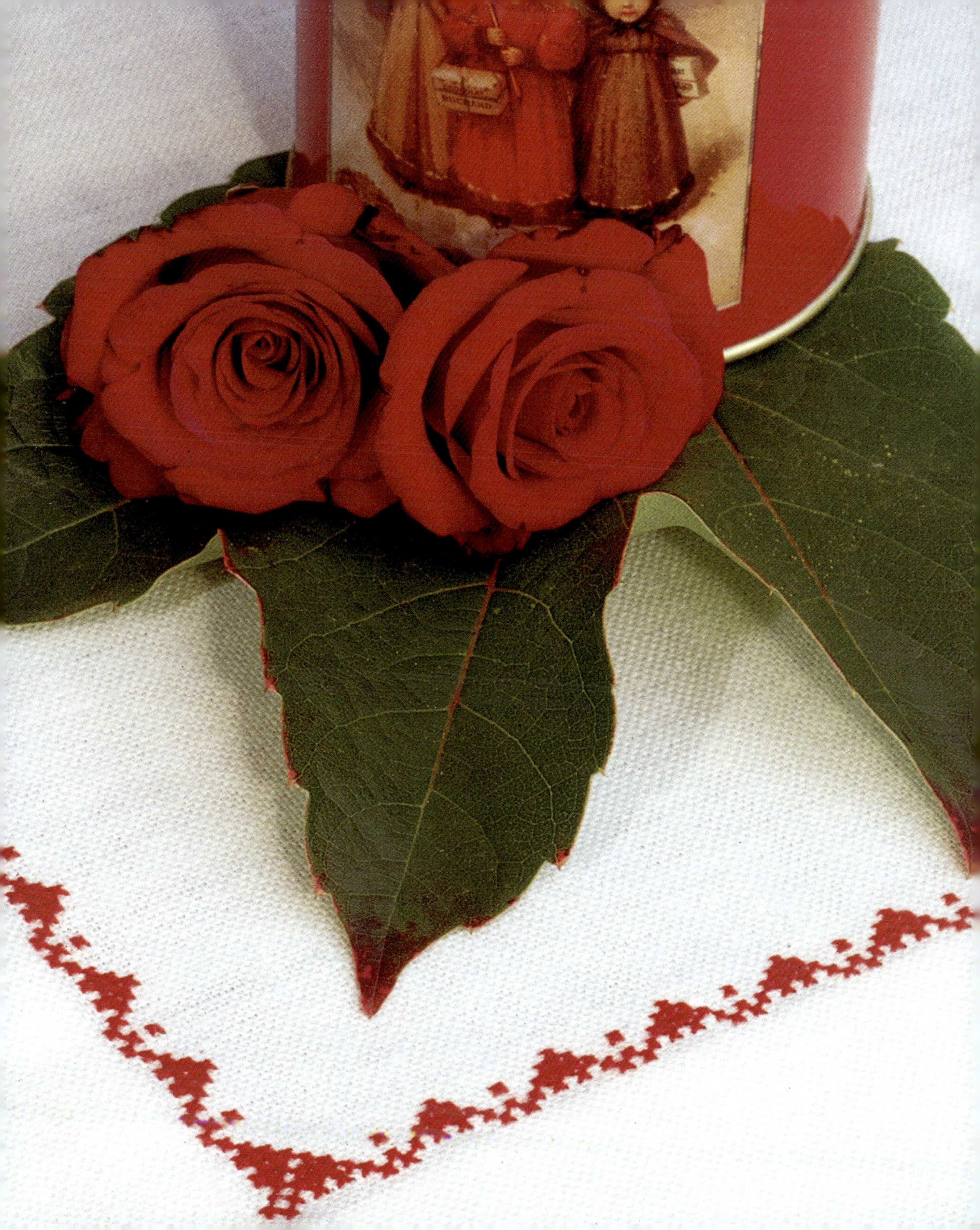

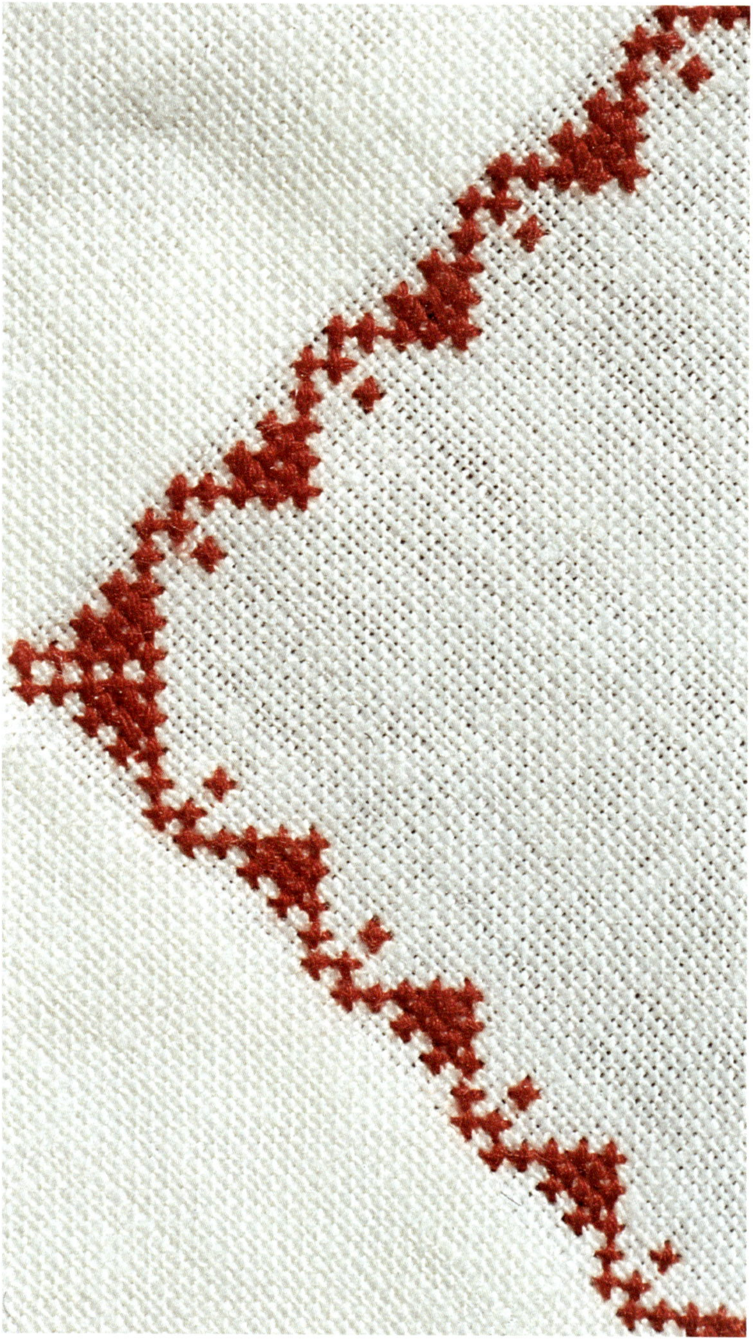

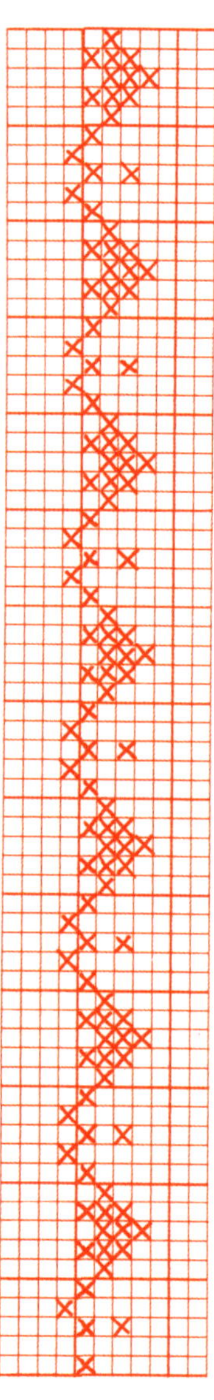

Die Detailaufnahme zeigt, dass es auch hier eine ganz natürliche Möglichkeit gibt, die Ecke zu gestalten.

Geschenkbeutel »Weihnachtsstern«

Wie könnte man ein kleines Geschenk an einen guten Freund liebevoller verpacken als in einem selbst gemachten Beutel? Das Stickmotiv für den unseren erinnert an Strohsterne, wie wir sie an den Christbaum hängen – ideal für eine herzliche Gabe zum Weihnachtsfest.

Material:
Zweigart-Reinleinen »Shannon«, 10-fädig
Anchor Sticktwist (2-fädig sticken) in Mintgrün (216)

Maße der Stickerei:
6,2 x 6,2 cm
Ein Kreuzstich geht über 2 Gewebefäden

Serviette »Springbrunnen«
Serviette »Blumenvase«

Die kontrastierenden Rot- und Grüntöne lassen die Stickereien auf diesen Servietten sehr lebhaft wirken. Ein einfacher Hohlsaum dient als Borte.

Material:
Zweigart-Reinleinen »Shannon«, 10-fädig
Anchor Sticktwist (2-fädig sticken) in
Mintgrün (216) für »Springbrunnen«
Altrosa (896) für »Blumenvase«

Maße der Stickereien:
je 2,8 x 2,8 cm
Ein Kreuzstich geht über 2 Gewebefäden

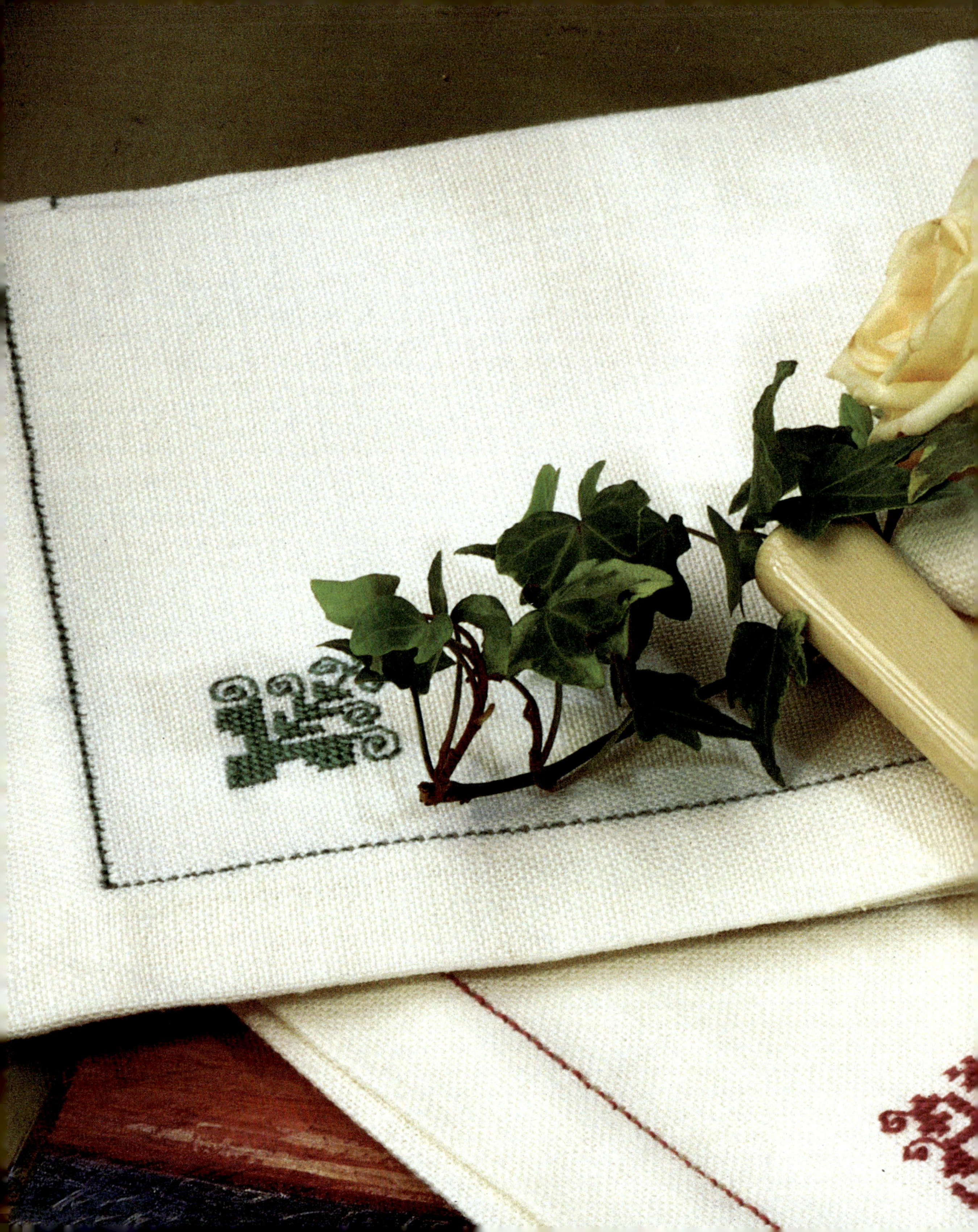

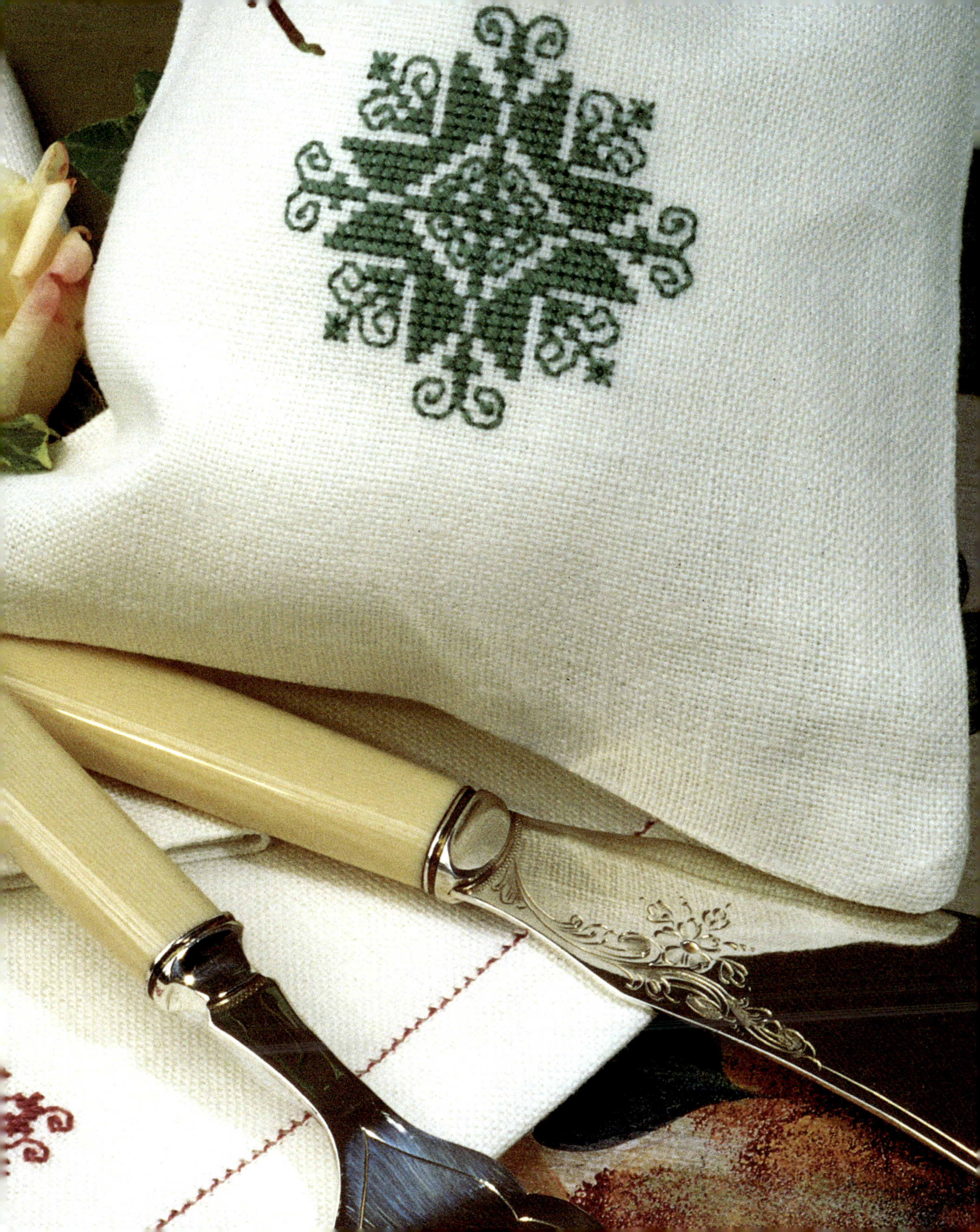

Geschenkbeutel »Weihnachtsstern«

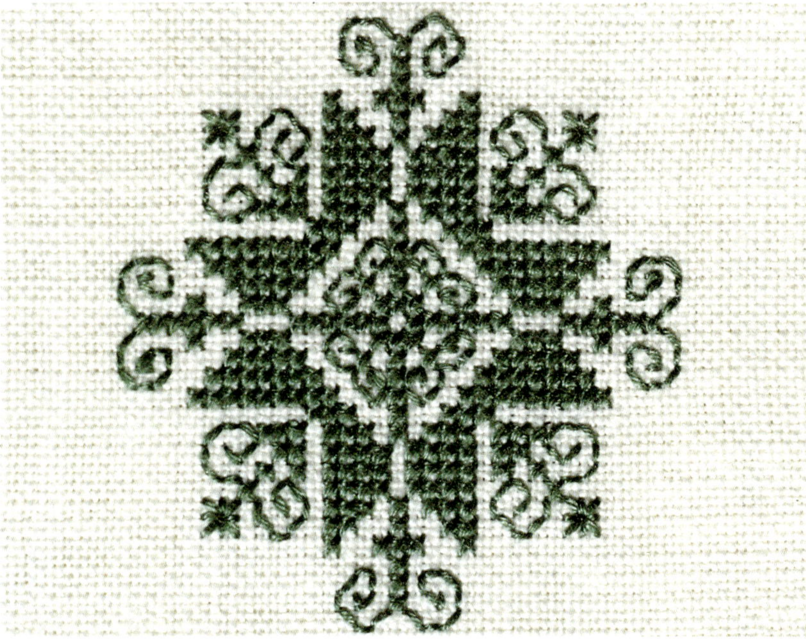

Der Stern in Detailaufnahme und Zählmuster

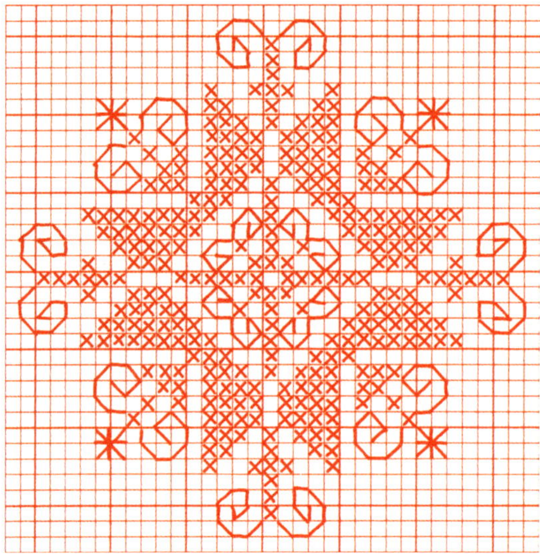

Serviette »Springbrunnen«

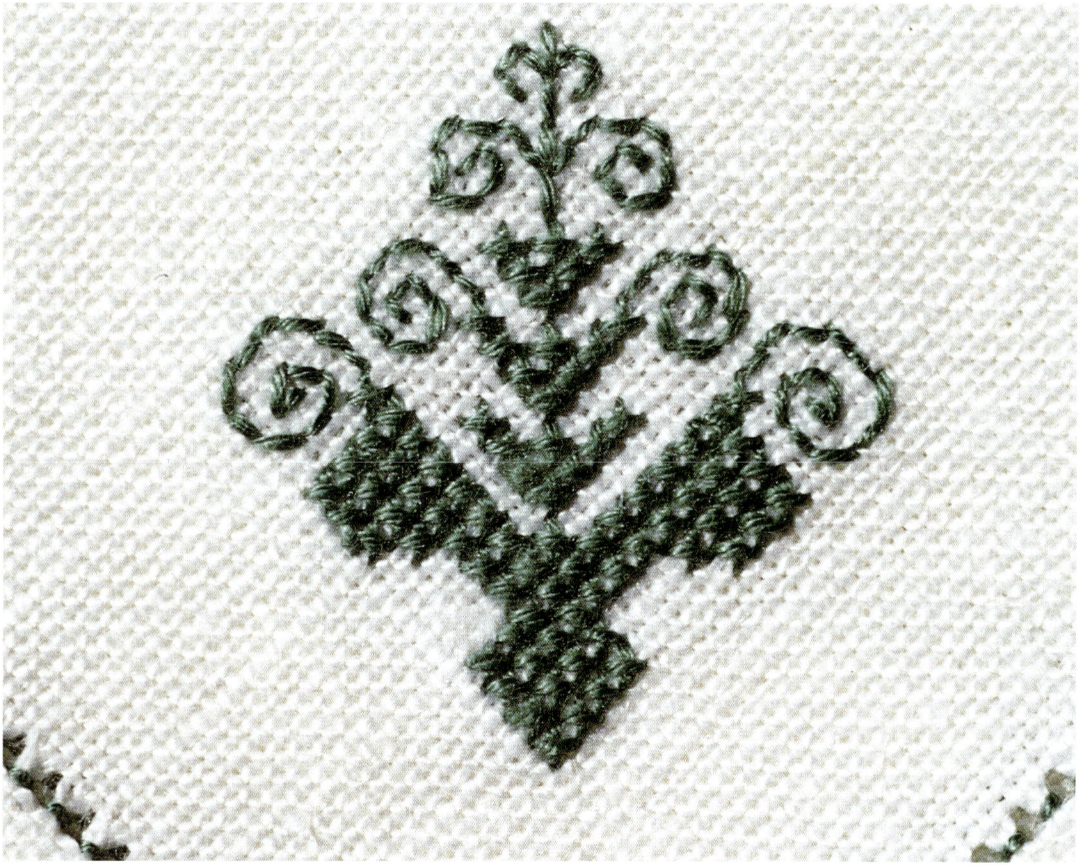

Der »Springbrunnen« im Detail; wie viel Fantasie auch in so einem winzigen Muster steckt!

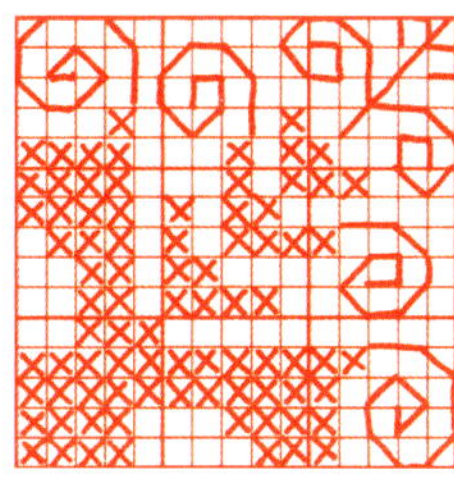

Serviette »Blumenvase«

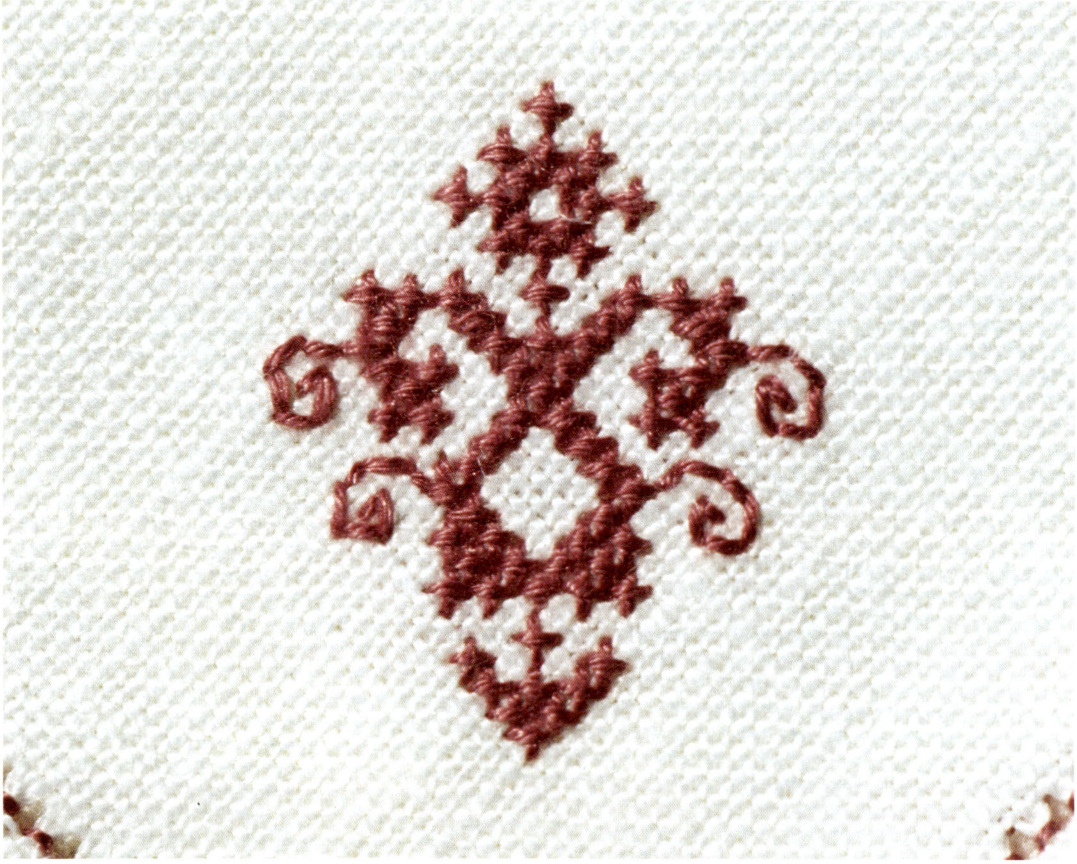

Schnell gestickt und doch effektvoll: die »Blumenvase« in Nahaufnahme und Zählmuster

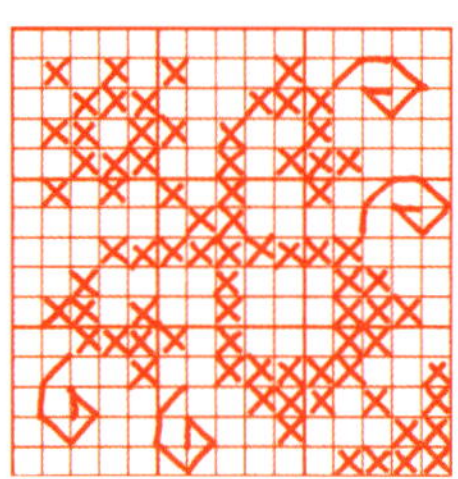

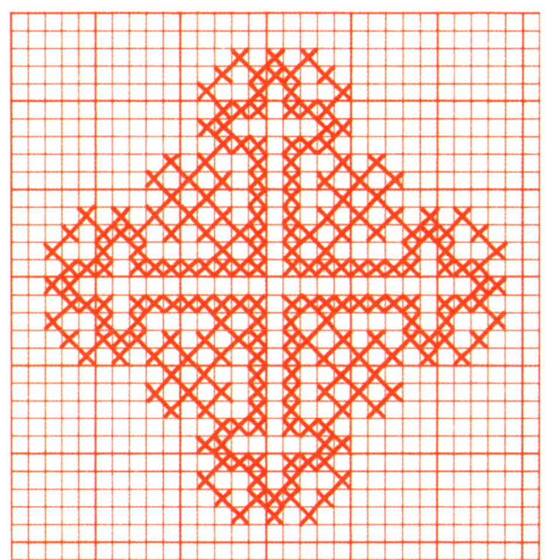

Noch eine Idee

Weil wir gerade beim Thema Weihnachtsstern waren: Natürlich gibt es in den alten Musterbüchern mehr von dieser Sorte. Hier finden Sie die Zählmuster für ein paar besonders schöne Exemplare.

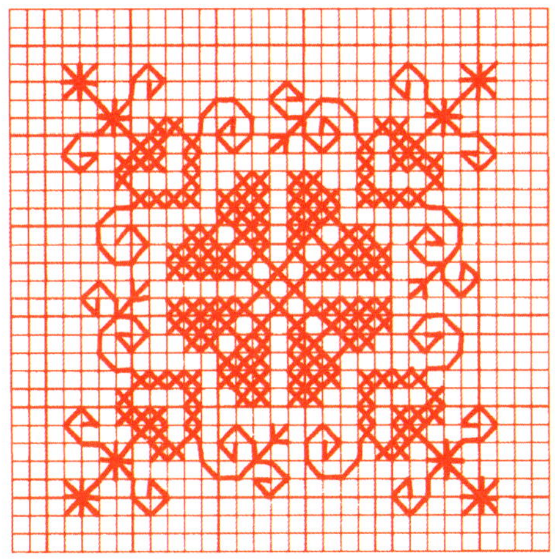

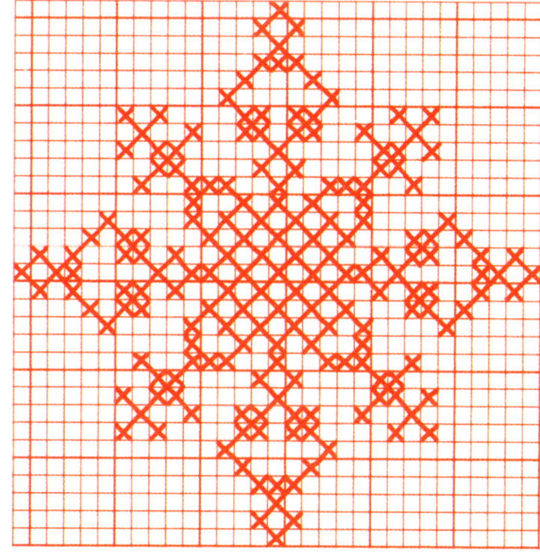

Lesezeichen »Lebensbaum«
Lesezeichen »Fantasy«
Lesezeichen »Salbei«

Was gibt es Schöneres als an langen Winterabenden mit einem guten Roman und einer Tasse heißem Tee dazusitzen, zu schmökern und zu genießen? Noch größer wird der Lesespaß, wenn man ein selbst gemachtes, besticktes Lesezeichen verwendet, dessen fantasievolle Blüten- oder Vogelmuster schon Gedanken an den nächsten Frühling aufkommen lassen!

Material:

Leinenband, 10-fädig, 4 cm breit
Anchor Sticktwist (2-fädig sticken)
in den Farben Altrosa (896) und Blau (1036)
für »Lebensbaum«und »Salbei«
Mintgrün (216) für »Fantasy«

Maße der Stickereien:

»Lebensbaum«: 2,9 x 11,7 cm
»Fantasy«: 2,9 x 9,0 cm
»Salbei«: 2,9 x 9,5 cm
Ein Kreuzstich geht über 2 Gewebefäden

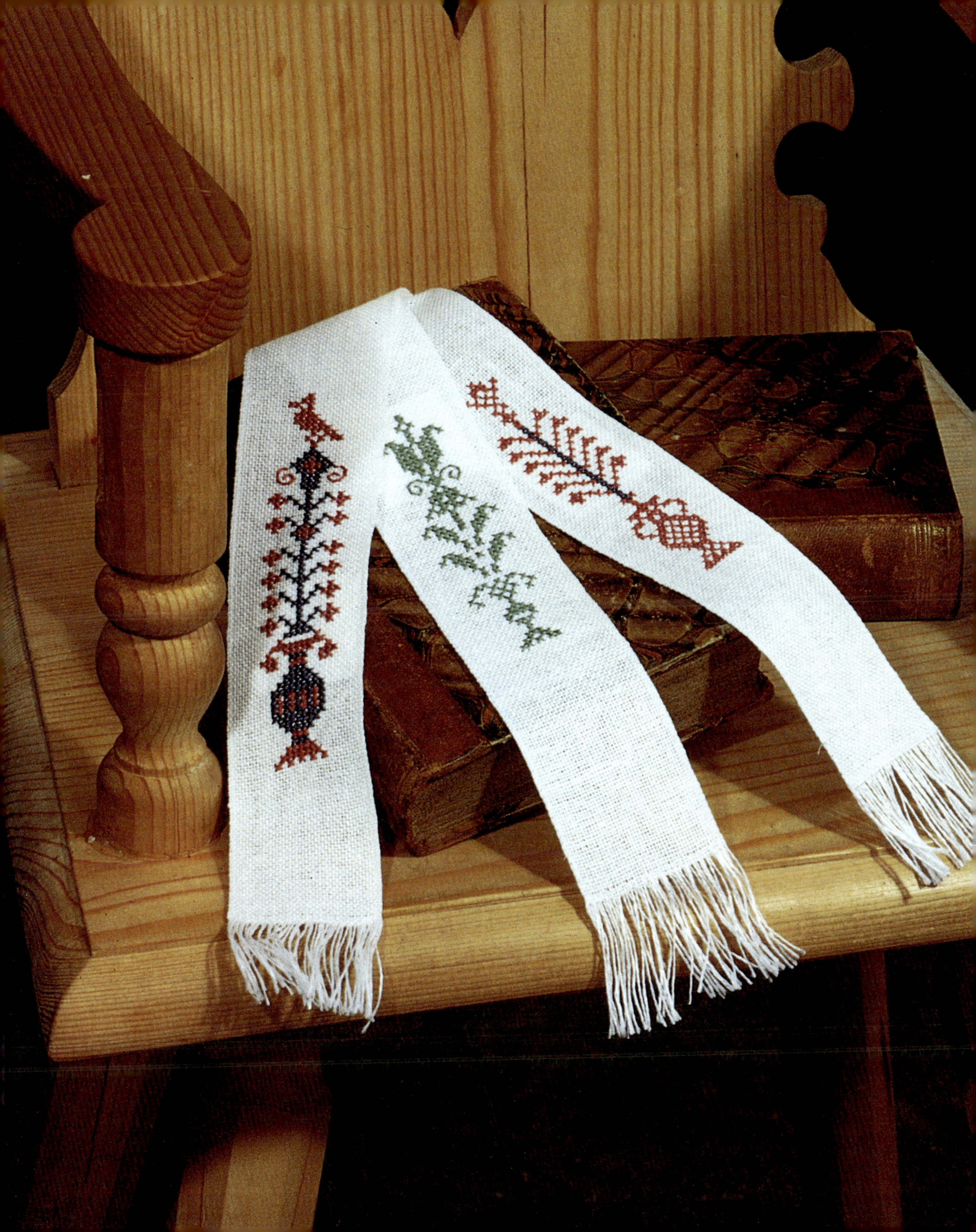

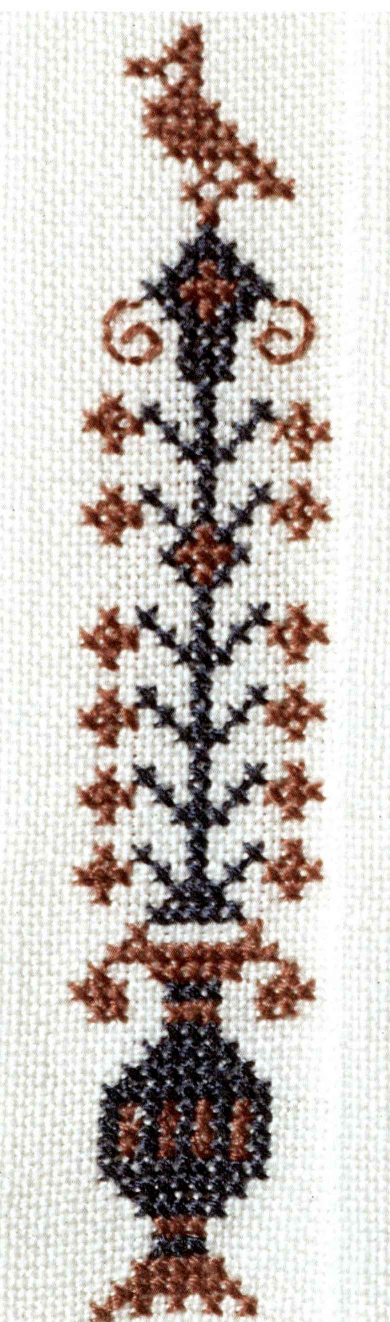

Lesezeichen »Lebensbaum«

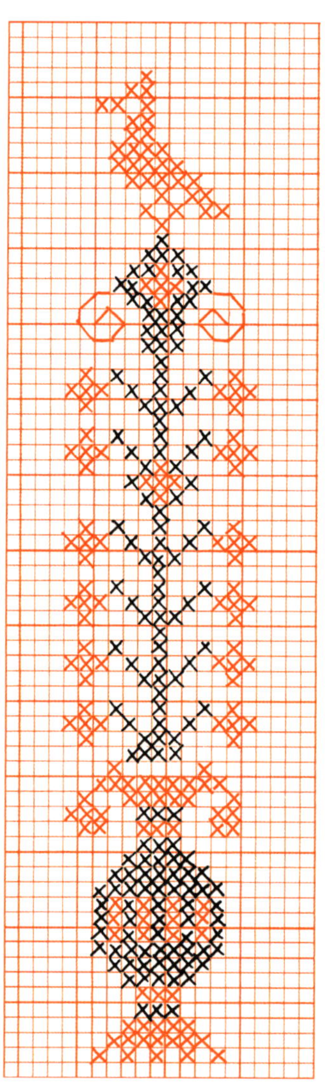

Zählmuster zu »Lebensbaum«

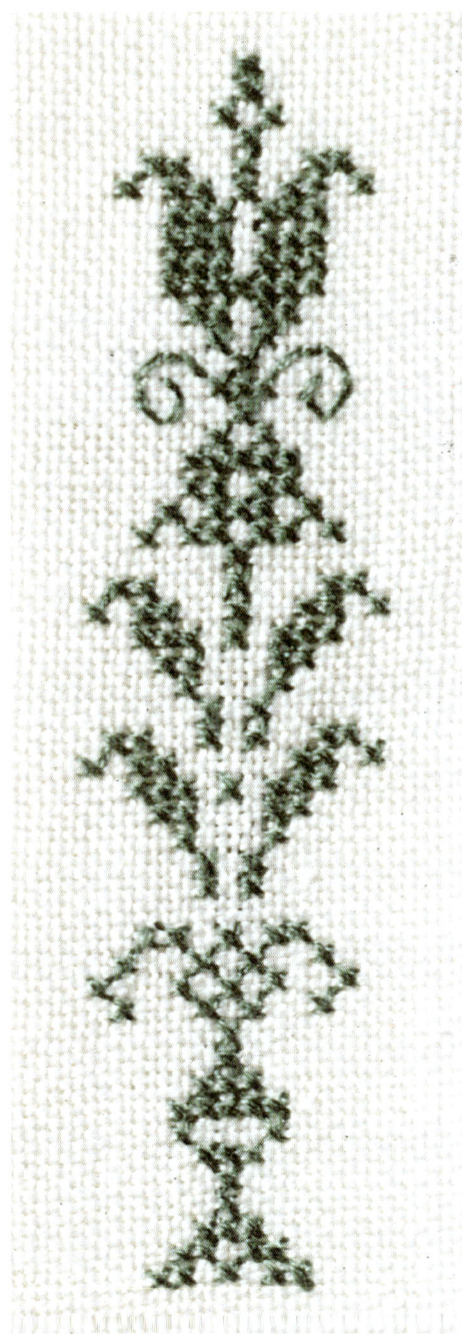

Lesezeichen »Fantasy«

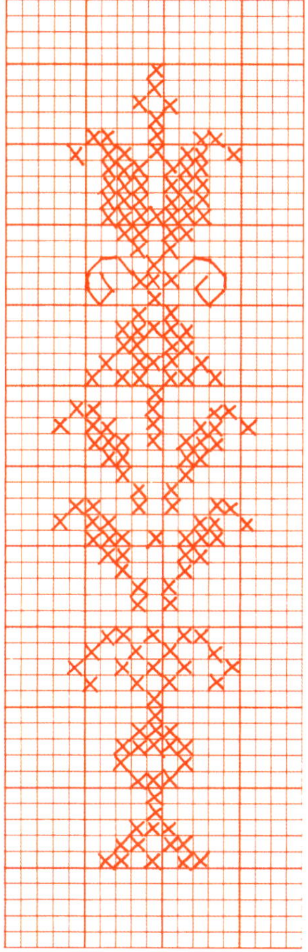

Zählmuster zu »Fantasy«

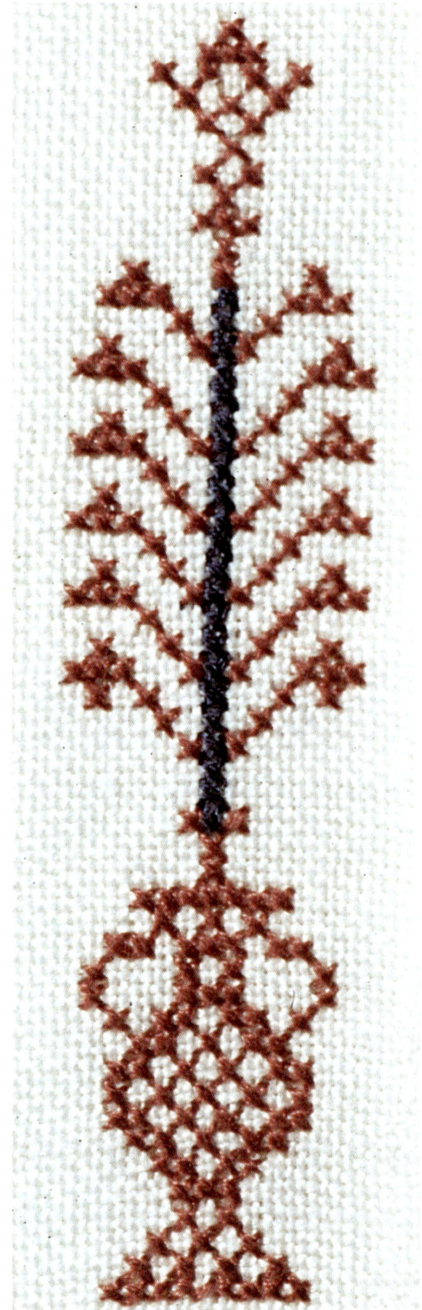

Lesezeichen »Salbei«

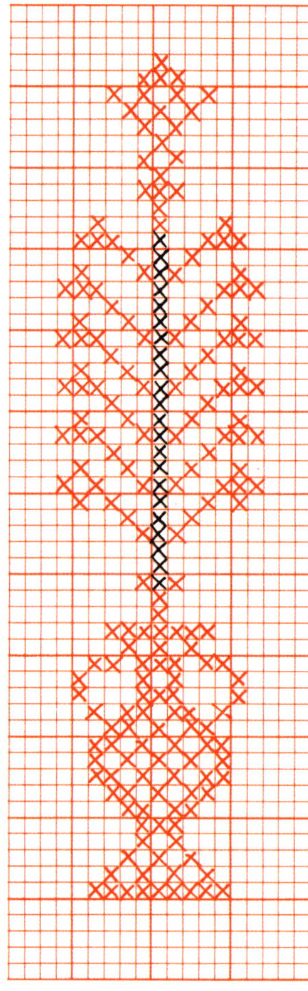

Zählmuster zu »Salbei«